CARLO CRACCO

È NATO PRIMA L'UOVO O LA FARINA?

60 NUOVE RICETTE PER RACCONTARE,
CON LE PAROLE E CON I PIATTI,
11 INGREDIENTI DELLA CUCINA ITALIANA

Testi a cura di Benedetta Biasi

Rizzoli

ISBN 978-88-17-09018-6

Prima edizione: novembre 2016

Progetto grafico e impaginazione di PEPE *nymi*
Fotografie: © Giovanni Malgarini

CARLO CRACCO
È NATO PRIMA L'UOVO O LA FARINA?

SOMMARIO

INTRODUZIONE

Anche questa volta sono qui per raccontarvi il libro che state per leggere; mi piace immaginare che sia un po' un assaggio di quello che incontrerete tra queste pagine. Forse qualcuno si sarà sorpreso nel trovare una domanda nel titolo e si starà chiedendo che cosa voglia dire. Tranquilli, il gioco di parole dell'uovo e della farina è solo una provocazione che abbiamo voluto mettervi nel piatto per parlare di ingredienti, e precisamente di ingredienti alla portata di tutti, che però rappresentano i "fondamentali" della cucina. L'uovo, per esempio, è il mio ingrediente preferito, una specie di coperta di Linus, ma è anche un prodotto così quotidiano da essere ingiustamente sottovalutato. Di per sé è una materia straordinaria, ricchissima, con usi e possibilità infinite, che nella pratica però finisce per essere sempre poco valorizzato. Certo, cucinare con le uova non è facile, ma una volta acquisita la giusta confidenza, è il punto di partenza per realizzare preparazioni anche importanti e complesse. Il mio desiderio è esplorare con voi le

enormi potenzialità di questa materia prima, per fare in modo che alla fine riusciate a "vedere" l'uovo in una prospettiva più ampia, imparando a renderlo protagonista dei vostri piatti.
E per la farina vale lo stesso discorso. Mi piacerebbe portarvi fuori dallo schema della farina bianca e raffinata, quella farina che sembra andare bene per tutto (ma che in realtà non è buona per niente, lo scoprirete leggendo) e tornare alla nobiltà e alla profondità di questo ingrediente che è il frutto di un lavoro lungo un anno, ed è al tempo stesso un bene che si protrae nel tempo perché si conserva a lungo e può vivere tante vite.
Alla fine forse la giusta chiave di lettura potrebbe essere proprio la versatilità. È questa la parola d'ordine che accomuna l'uovo, la farina e tutti gli altri ingredienti che abbiamo inserito nelle undici sezioni in cui il libro si divide: le patate, il limone, i ceci, il latte, le insalate, il pomodoro, il riso, la mela, i funghi. Sono prodotti comuni e facili da trovare (per cercarli, state sereni, non dovrete andare sulla Luna!), che si possono sfruttare in tantissimi modi e hanno mille possibilità di esprimersi, trasformarsi e combinarsi mettendosi al centro del piatto. Più di tutto mi piace pensare che siano un po' come i numeri primi, delle "basi" dietro alle quali non c'è altro, e dietro a cui non ci si può nascondere. E così, più sono semplici, più diventano un banco di prova, una sfida, uno stimolo a trarne delle realizzazioni originali e non scontate.
Vedrete che ogni sezione si apre con un'introduzione dedicata all'ingrediente, con rapidi cenni sulla sua storia e sulle sue caratteristiche, e un'anticipazione degli utilizzi che via via ne andremo a fare. Dall'introduzione passiamo alle ricette, che sono in tutto sessanta. Come sempre ci sarà un po' di "Piero

Angela" nelle parti in cui parleremo degli aspetti più specifici legati a procedimenti e ingredienti, ma voi ormai sapete che è una deformazione professionale. E poi, le foto. Ogni piatto finito è stato fotografato, per darvi l'idea del risultato finale. Prendetele come dei suggerimenti. Rispecchiano il modo in cui noi abbiamo composto il piatto, cercando di essere chiari e di seguire i principi del corretto impiattamento. Le immagini rimangono quindi un riferimento, non un vincolo, perciò a voi trovare altre soluzioni e possibilità. Lavorate sempre pensando all'occhio, che anche nella presentazione vuole la sua parte, ma soprattutto tenete a mente l'importanza di fare bene prima ancora che "strafare". Perché quello che conta in cucina non è tanto scovare la novità, l'effetto speciale, l'abbinamento stratosferico. Il più delle volte l'essenziale è lavorare con cura, prestando attenzione a quello che è più vicino a noi, proprio a partire dagli ingredienti. Perché, se ci pensate, sono le cose in apparenza più schiette quelle che ci possono regalare le sorprese più grandi, quelle che non ci stancano mai e ci danno l'emozione di aver raggiunto, magari per la prima volta, qualcosa che non ci saremmo mai immaginati.

UOVA

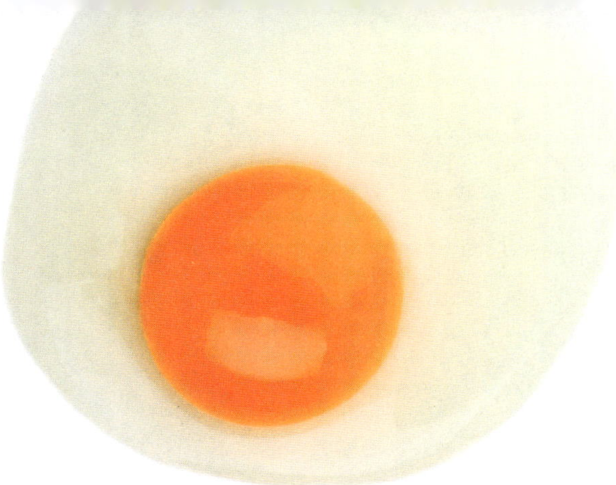

Cominciamo con l'uovo, perché è l'origine, l'inizio. È anche molto bello, con la sua superficie levigata, allungata, tonda. In una parola, perfetto. Senza tirare in ballo tutti i significati che si nascondono dietro a questo ingrediente, io credo davvero che abbia qualcosa di unico.

Un ricordo molto "antico" che ho è mia nonna che diceva: «Andiamo a vedere se la gallina ha fatto l'uovo». E io pensavo: "Ma come?", perché ero piccolo e non mi era troppo chiaro il collegamento tra la gallina e l'uovo. Allora lei entrava nel pollaio (io le stavo dietro), dava un'occhiata in giro, prendeva la gallina, la tirava su e diceva: «Guarda!». E a me sembrava una roba mitica vedere l'uovo, perché non è che finiva sempre

così. A volte andavi e non trovavi proprio niente. E poi tornavi, magari di sera, e saltavano fuori un uovo, due, tre. Una cosa che prima non esisteva, all'improvviso c'era.
Ecco, per me questo ingrediente conserva ancora la stessa magia, forse perché ha un che di misterioso, perché è la vita racchiusa all'interno di un guscio, che le fa da confine, da contenitore, e poi perché ha tanti contrasti, solido fuori e liquido dentro, fragile ma anche resistente. Più di tutto, è un ingrediente base, una cosa semplice da cui si può tirare fuori una marea di preparazioni. In cucina, se ci pensate, copre un orizzonte larghissimo, che va dal dolce al salato, dall'antipasto alla pasticceria, dalla base per preparare qualcos'altro fino al piatto finito. E poi ci sono le consistenze, sempre ricche di sfumature, perché l'uovo può montare, può diventare schiumoso, si può usare a crudo per legare o per preparare delle salse, si può stracciare e strapazzare; il tuorlo si può separare dall'albume e dall'albume si possono ricavare le meringhe. Ma, ancora, si può essiccare, si può usare per dorare una pasta sfoglia o una pasta di pane, si può mescolare ad acqua e farina per preparare impasti e composti. Ha tante vite e tante forme possibili, da quello di gallina a quello di quaglia, che è più piccolo e ha un guscio particolare, tutto screziato; e poi, ancora, quello di anatra, grasso e saporito, o quello d'oca o di struzzo. Quest'ultimo è impressionante, non è facile da trovare e certo non vi capiterà di vederlo al supermercato; corrisponde grosso modo a venti uova di gallina e ha un guscio spesso quanto un dito, ruvido e granuloso. Fateci attenzione, qualche volta ha una seconda vita e si ritrova come coppa per servire i cocktail. Per quanto mi riguarda, l'uovo è anche un ingrediente a cui

sono affezionato, perché è il filo conduttore della mia storia in cucina. Penso all'uovo marinato, che per me è diventato un po' come una firma. Potremmo dire che è un *signature dish* e al tempo stesso è un *evergreen*, perché mi ha portato fortuna, mi ha accompagnato negli anni. Di sicuro è l'uovo più famoso, ma non è il primo. Il più antico, infatti, è l'Uovo alla crema cotto al vapore, nato quando ancora lavoravo alle Clivie. L'ispirazione in realtà è ancor più vecchia, perché si rifà a una preparazione che avevo visto fare da Karsten, il primo chef di Marchesi. Io l'ho modificata e adattata, cercando di dare la mia personale interpretazione, all'interno di un abbinamento abbastanza classico che è quello con il tartufo bianco. Dopo è venuto l'uovo marinato, da cui sono nati gli spaghetti fatti con i tuorli (di cui vi ho raccontato nel libro *In principio era l'anguria salata*) che sono la vera pasta all'uovo, senza farina né altro. E poi, ultimo in ordine di tempo, c'è l'uovo sodo perfetto, nato a partire da una tecnica particolare, che prevede una cottura al vapore per 45 minuti a una temperatura di 62 °C. Il risultato è un uovo morbido, appena coagulato, con un sapore potentissimo, originario, profondo. Mantenendo una sensazione simile, ma semplificando il procedimento, siamo arrivati alla ricetta che trovate a pagina 20.

In questa sezione vedrete altre quattro ricette, che spaziano dalla maionese alla crema catalana in chiave classica, passando per quella rivisitata in chiave salata, fino ad arrivare alla crema cotta con le sue possibili declinazioni.

La cosa più bella, che vorrei riuscire a rendere anche vostra, è la semplicità di questa materia prima, una semplicità che è quasi disarmante e fa dell'uovo, cotto o crudo che sia, un banco di prova tutt'altro che scontato, dove senza effetti speciali, senza l'aiuto della tecnologia, ma solo con un po' di manualità, di esperienza e di artigianalità, se uno è bravo e creativo ottiene un grande risultato e arriva magari a scoprire qualcosa di nuovo. Quante volte, per esempio, avete mangiato l'uovo sodo? Ma magari non avete mai provato a farlo così, con l'albume che si solidifica e il tuorlo che resta liquido. Scopritelo, e sentirete anche voi il rosso fluido che scivola lentamente in bocca, mentre l'albume, che si è rappreso, vi darà tutto il piacere della masticazione. Il trucco non c'è, è solo questione di saper gestire la cottura alla perfezione.

Lo stesso vale per la *Crema cotta* (p. 30); anche qui, per farla a regola d'arte bisogna saper gestire la materia prima nel migliore dei modi. Perché in questa preparazione è usando il vapore che riusciamo a trattare l'uovo in maniera perfetta, senza stracciarlo, dandogli quella consistenza vellutata, elegante, confortevole in bocca che nel piatto finito fa la differenza. Per la *Maionese* (p. 24) e la *Crema catalana* (p. 34), il discorso è simile; sono preparazioni classiche, in apparenza semplici, ma per avere un risultato "come dio comanda" serve manualità e un po' di pratica. Forse quello che ci dovrebbe interessare in cucina, prima ancora di capire se un piatto è semplice o meno, è se è fatto bene oppure no.

Per tornare all'uovo, comunque, mi piace perché è davvero un grandissimo trasformista. Come un camaleonte, cambia aspetto, forma e colore semplicemente al variare dei tempi e delle tecniche di cottura. A un dato momento capisci che è perfetto, ma basta un minuto in più perché sia già un'altra cosa.

E adesso preparatevi perché tocca a voi sfidarlo.

UOVO SODO E LATTE AFFUMICATO

Questa è una versione un po' diversa dell'uovo sodo. La sua particolarità, come potete vedere anche nella foto, è la consistenza del tuorlo che alla fine della cottura resta liquido, perciò attenzione quando impiattate: cercate di maneggiare le uova con cura, perché saranno più delicate di quelle tradizionali. E anche durante la preparazione, ricordatevi che l'acqua va portata a bollore senza esagerare. Sarà sempre un fuoco medio quello che dovrete avere e le uova andranno immerse nel pentolino con delicatezza, magari con l'aiuto di un ragno, per evitare che i gusci si crepino e che l'albume salti fuori.

INGREDIENTI PER 4 PERSONE

4 uova grandi • 200 g di latte • 2 bustine di tè Lapsang Souchong • 2 g di sale • 2 g di agar agar • 20 g di burro • 200 g di pane in cassetta passato al setaccio medio • sale Maldon • 1 rametto di aneto

PREPARAZIONE E COTTURA: 20 MINUTI + RAFFREDDAMENTO

Cuocete le uova in acqua bollente per 6 minuti e mezzo, scolatele e mettetele subito in acqua e ghiaccio, in modo da fermarne la cottura. Non prendete sottogamba questo passaggio, ma ricordate che è molto importante per la corretta riuscita del vostro piatto. Quando le uova si saranno raffreddate, eliminate il guscio con delicatezza. A questo punto, se avete intenzione di consumarle subito, tenetele da parte a temperatura ambiente, altrimenti conservatele in frigorifero, avendo cura di tirarle

fuori un po' prima di servire (al momento di andare in tavola, l'uovo non dovrà essere freddo).
In un pentolino scaldate il latte portandolo quasi a bollore, quindi spostatevi fuori dal fuoco e immergetevi le bustine di tè. Coprite tutto con la pellicola e lasciate in infusione per 4 minuti. Filtrate con un colino, unite 1 g di sale fino e l'agar agar, riportate a bollore e cuocete ancora per 4 minuti girando bene con una frusta.
Trasferite il latte affumicato in un recipiente basso e largo e lasciatelo gelificare in frigorifero fino a completo raffreddamento. Ci vorrà un'ora o più, ma se volete fare in fretta, potete accelerare i tempi immergendo il recipiente in una bacinella con acqua e ghiaccio (in alternativa potete preparare la crema di latte in anticipo, così non avrete la preoccupazione del tempo e non dovrete stare lì con l'orologio e il pensiero del composto da far gelificare). Quando vedete che il latte si è solidificato, mettetelo nel mixer e frullate. La consistenza che dovrete ottenere sarà quella di una crema molto morbida. Vi basterà frullare un attimo, un minuto o poco più. Se esagerate, rischiate di rompere la gelatina. Alla fine raccogliete la crema in un contenitore e conservatela in frigorifero.
Sciogliete il burro in un piccolo saltiere (una casseruola a bordi bassi), unitevi il pane setacciato e 1 g di sale, quindi cuocete a fuoco medio continuando a rimestare in modo da sgranare il pane e dargli una bella doratura omogenea e croccante. Se volete, potete aromatizzarlo con erbe o spezie, come il finocchietto, l'erba cipollina o il cumino, che a me piacciono molto... Ma voi potete sbizzarrirvi e usare quello che preferite.

Trasferite il pane croccante su un foglio di carta assorbente per togliere l'unto in eccesso e preparatevi a servire. Sul fondo del piatto adagiate un cucchiaio di crema di latte affumicato e cospargetelo con un po' di pane croccante. Quindi appoggiatevi sopra l'uovo sodo (vedrete che resterà fermo grazie alla base di crema di latte) e completate con qualche scaglia di sale Maldon. Guarnite con foglioline di aneto a piacere.

MAIONESE AL PARMIGIANO REGGIANO

Quando si prepara la maionese si parte sempre dalla base, che è data dal tuorlo, dal sale e da una parte acida (che può essere aceto, limone o senape, come si usa in Francia). Poi, a mano a mano, si incorpora l'olio (senza mai smettere di montare) e il gioco è fatto. L'aggiunta degli ingredienti si può alternare, ma la cosa veramente importante, il "segreto", è l'acidità, che consente alla salsa di montare bene e vi assicura una buona riuscita. Questa componente acida può essere messa subito, tutta in una volta, oppure se ne può unire una parte all'inizio, che sarà rinforzata da piccole aggiunte via via che si lavora la salsa. Se in partenza, però, avete una buona base, siete un po' più sicuri che la maionese non smonterà.

INGREDIENTI PER 4 PERSONE

50 g di tuorlo d'uovo • 2 g di sale • 5 g di senape tradizionale in crema • 6 g di aceto di vino bianco • 500 g di olio di semi di girasole • 6 g di succo di limone • 5 g di acqua • 150 g di Parmigiano Reggiano grattugiato • pepe nero

PREPARAZIONE E COTTURA: 10 MINUTI

Iniziate a montare il tuorlo insieme al sale, alla senape e a metà dell'aceto; quando vedete che questi 3 ingredienti iniziano a sbiancare, cominciate a versare anche un po' di olio a filo. Unite quindi l'altra metà dell'aceto, poi riprendete con l'olio, aggiungete il limone, poi di nuovo olio, poi acqua. Se vi state

chiedendo a che cosa serve l'acqua, ecco la risposta: ci aiuta a rendere più fluida la salsa, per poter sostenere meglio la parte corposa data dal Parmigiano Reggiano. Continuate a montare finché non avrete davanti agli occhi una maionese soda, ferma e compatta; a questo punto incorporate il Parmigiano Reggiano e una generosa macinata di pepe nero. Tenete da parte se consumate subito, altrimenti mettete in frigo e tirate fuori prima di servire.

COME USARE LA *MAIONESE AL PARMIGIANO*

Usando l'olio di semi di girasole la salsa risulta più leggera. È vero che una maionese preparata con l'olio extravergine di oliva è molto più ricca. Ma quando lo è troppo, il rischio è che diventi invadente, che determini tutto nel piatto, perdendo la sua funzione vera che è di accompagnamento. La maionese al Parmigiano Reggiano è fantastica quando si accosta a una carne fredda, per esempio a una carne già pronta come un roast beef o un vitello arrosto, e va alla grande anche su una tartina. Provate a prendere, per esempio, del pane integrale, tostatelo, metteteci sopra la maionese tiepida e una fogliolina di cerfoglio: è il massimo. Se invece volete abbinarla a una verdura, provate con delle fave o dei piselli crudi. O ancora, usatela per farcire un club sandwich o un bignè: basterà un po' di pomodoro a crudo e il vostro spuntino sarà perfetto.

CREMA CATALANA AL PECORINO

In questa ricetta troverete una crema catalana diversa, in cui lo zucchero viene sostituito dal Pecorino Toscano con tutta la sua sapidità e la sua forza. È ottima con le fave, ma si può accompagnare benissimo a una piccola insalata di crescione, magari condita con olio e sale. Il crescione, che è fresco e un po' acquoso, si sposa infatti alla perfezione con la crema catalana salata, che è grassa, morbida e molto ricca. Se poi unite all'insalata qualche goccia di aceto, avrete il profumo e la giusta acidità per finire il piatto come si deve.

INGREDIENTI PER 4 PERSONE

250 g di latte • 12 g di fecola di patate (o maizena) • 12 g di farina di riso • 70 g di panna fresca • 75 g di tuorlo d'uovo • 110 g di Pecorino Toscano D.O.P. stagionato • 25 g di burro freddo • zucchero di canna per caramellare

PREPARAZIONE E COTTURA: 20 MINUTI + RAFFREDDAMENTO

Scaldate il latte in un pentolino, portandolo quasi a bollore. Nel frattempo, in una bacinella a parte, lavorate la fecola e la farina di riso con la panna fresca, versateci sopra il latte caldo, quindi frustate stemperando bene, fino a ottenere una crema dalla consistenza omogenea. Aggiungete i tuorli e 70 g di Pecorino, quindi mettete sul fuoco e fate bollire per 3 minuti. Fuori dal fuoco, incorporate alla crema il Pecorino che rimane (40 g) e il burro, poi lavorate bene con la

frusta finché anche formaggio e burro non saranno completamente amalgamati.
Trasferite la crema in 4 cocotte monoporzione (o in un'unica pirofila capiente) e battete con le dita sui bordi del contenitore per livellare la crema, in modo da avere una base perfetta per caramellare. Lasciatela raffreddare, quindi cospargete la crema con lo zucchero di canna e caramellate come per una catalana tradizionale, usando il cannello da cucina o mettendo sotto il grill del forno per qualche minuto.

LA *CREMA CATALANA* ALL'APERITIVO O A FINE PASTO

Un piatto come questo può essere pensato per il fine pasto, magari proprio in alternativa al formaggio, ma può andare benissimo anche come apertura. Naturalmente bisognerà sempre cercare l'abbinamento giusto. Per esempio, se lo consideriamo come pre-dessert o come introduzione al dessert, potremmo accompagnarlo a una purea di frutta, come una mela o una pera cotta, o anche una nespola. Se invece vogliamo proporlo in un cocktail o in un aperitivo ricco, meglio giocare sulla leggerezza, servendolo freddo e accostandolo a delle fave in insalata (se le trovate fresche, consumatele anche crude con un filo d'olio: sono buonissime) e accompagnandolo a un bel calice di bollicine.

CREMA COTTA ALLO ZAFFERANO CON COZZE E PREZZEMOLO

*Di sicuro conoscete il crème caramel: è un dolce a base di latte, uova, zucchero, vaniglia e caramello. La crema cotta (che i francesi chiamano "*crème royale*") è un po' la sua versione salata, in cui le uova restano protagoniste ma non ci sono più né lo zucchero né la vaniglia né il caramello. Poi, al posto del latte c'è una base liquida, che di volta in volta può essere brodo, acqua aromatizzata o centrifuga. In alternativa si può anche usare una purea. Questa grande versatilità è una delle cose che più mi piacciono della crema cotta, perché sfruttando punti di partenza diversi andiamo a caratterizzare il piatto in modo sempre nuovo. E poi la crema cotta si può abbinare al pesce o alla verdura e si può mangiare calda, fredda o a temperatura ambiente.*

INGREDIENTI PER 4 PERSONE

90 g di acqua • ½ g di pistilli di zafferano • 1 uovo + 2 tuorli • 120 g di latte • 1 g di sale • 6 cucchiai di olio extravergine di oliva • 1 spicchio di aglio • 1 rametto di prezzemolo + alcune foglie • 20 cozze • 50 g di vino bianco secco • 1 manciata di mandorle tostate • olio extravergine di oliva

PREPARAZIONE E COTTURA: 35 MINUTI + RAFFREDDAMENTO

Cominciate a preparare l'acqua allo zafferano, scaldando l'acqua in un pentolino. Portate quasi a bollore, quindi togliete dal fuoco,

unite i pistilli e teneteli in infusione fino a completo raffreddamento.
Riunite in una bacinella le uova, il latte, il sale, l'acqua di zafferano, poi amalgamate bene gli ingredienti lavorandoli con una frusta. Filtrate il composto con l'aiuto di uno chinois, un colino cinese, e trasferitelo in 4 cocotte monoporzione o in un piatto fondo abbastanza capiente. Il piatto di portata dà importanza alla vostra presentazione, ma i contenitori monoporzione sono a volte più pratici: se volete qualcosa di diverso e divertente, potete usare delle tazze da cappuccino. Coprite la crema con la pellicola e cuocete a vapore a 100 °C per 6-8 minuti (se non avete il forno a vapore, usate la vaporiera); il tempo varia a seconda del contenitore scelto. Fate riposare 5 minuti, tamponate il piatto o la tazza sui bordi, in modo da pulire bene, quindi mettete in frigorifero e lasciate riposare. Se servite la crema cotta subito, fate raffreddare a temperatura ambiente.
Nel frattempo scaldate 3 cucchiai di olio in padella con l'aglio e il prezzemolo, unitevi le cozze, sfumate con il vino bianco, coprite con il coperchio e cuocete a fiamma viva per 2 minuti. Togliete la padella dal fuoco, tenete da parte i frutti di mare eliminando i gusci e filtrate il liquido di cottura. Preparate un'emulsione unendo 3 cucchiai del liquido di cottura delle cozze con altrettanti cucchiai di olio extravergine di oliva, quindi tenetela a portata di mano. Cuocete in acqua salata un rametto di prezzemolo privato della costa centrale, poi raffreddatelo in un bagno di acqua e ghiaccio.
Se l'avete preparata con anticipo e conservata in frigo, tirate fuori la crema cotta una ventina di minuti prima di servire e guarnitela con le cozze e qualche ciuffo di prezzemolo bollito.

Condite con l'emulsione ottenuta dal liquido di cottura delle cozze e completate ogni porzione con 2 o 3 mandorle tostate che avrete precedentemente tostato e rotto.

TRE VARIANTI PER LA *CREMA COTTA*

Per variare la vostra crema cotta, al posto dell'acqua provate a usare una centrifuga (per esempio di sedano verde). Sostituite all'acqua di zafferano 80 g di centrifuga già filtrata, unitela al composto e seguite la ricetta. Otterrete una crema cotta vegetariana, perfetta da accompagnare a un pesto di noci o a una dadolata di sedano, pinoli e uvetta. Se per caso aveste a portata di mano del brodo di crostacei, potreste usarlo nella stessa dose per ottenere una crema cotta da abbinare a un pomodoro crudo in concassé condito con del dragoncello. Se al posto del liquido volete provare con una purea, vi basterà modificare gli ingredienti e la preparazione. Riunite in una bacinella 1 uovo più 2 tuorli insieme a 120 g di latte, 50 g di purea di zucca, un po' di sale e pepe macinato. Frustate tutto in modo da amalgamare gli ingredienti perfettamente, filtrate, raccogliete la crema in 4 contenitori monoporzione e cuocete a vapore per 6-7 minuti. Guarnite con dei canestrelli che avrete fatto colorire sulla piastra e salato su entrambi i lati. Completate con tre puntini di senape tradizionale in grani e servite.

CREMA CATALANA

Quello che rende incredibile questo dolce è il gioco delle consistenze, con la crosta, che sotto i denti è un'esplosione unica di suono e di gusto, che apre alla morbidezza vellutata della crema: una goduria in tutti i sensi. Romperla con la punta del cucchiaio è proprio una delle cose belle della vita, come in una scena famosa del Favoloso mondo di Amélie, *vi ricordate? In realtà nel film si parla di crème brûlée, che nel risultato richiama la crema catalana, ma è un po' diversa per quanto riguarda gli ingredienti e la preparazione. Nella crema catalana, infatti, il punto di partenza è una crema pasticciera con il latte, che viene cotta sul fuoco e poi caramellizzata; nella crème brûlée si usa invece una base più ricca fatta anche con la panna e messa a cuocere a bagnomaria, prima di finire sotto il cannello.*

INGREDIENTI PER 4 PERSONE

400 g di latte • scorza di ½ limone • cannella in polvere • 2 tuorli • 75 g di zucchero semolato • 20 g di maizena • zucchero di canna per caramellare

PREPARAZIONE E COTTURA: 30 MINUTI + RAFFREDDAMENTO

Fate scaldare il latte insieme alla scorza di limone a pezzi e a un pizzico di cannella. Appena comincia a bollire, spegnete e lasciate in infusione per qualche minuto.

Raccogliete i tuorli in una bacinella, frustateli con lo zucchero semolato e la maizena (che vi servirà a legare meglio tutto), poi aggiungete anche il latte caldo, che avrete avuto cura di filtrare

con un colino. Mi raccomando: continuate a lavorare bene con la frusta. Non devono assolutamente formarsi grumi o fiocchi; quello che dovrete ottenere è un composto liscio e omogeneo. Riportate tutto sul fuoco e, sempre rimestando con attenzione, fate bollire per 3 minuti. Una volta che la crema sarà cotta e rappresa, potete dividerla in cocotte monoporzione (in ceramica o terracotta), oppure potete trasferirla in una piccola pirofila. Ricordate di battere leggermente il contenitore lungo i lati, per livellare bene la crema e lasciare la superficie piatta e regolare. Alla fine mettete in frigorifero, dove terrete a riposo per almeno 4 o 5 ore.

Al momento di servire, cospargete la superficie della crema catalana con dello zucchero di canna, quindi caramellate con il cannello da cucina, oppure passate le cocotte o la pirofila sotto il grill del forno. Il tempo dipende un po' dalle caratteristiche del forno, ma direi soprattutto che è il colore che comanda. E infatti la crema catalana è pronta quando lo zucchero fonderà prendendo un bel colore ambrato, ma senza annerire. Se dovesse risultare troppo scuro, non solo non è bello da vedere ma può anche essere amaro all'assaggio.

Potete servire la vostra crema catalana da sola, oppure abbinandola a della frutta fresca, o ancora a un bel gelato.

UNA VARIANTE AL CIOCCOLATO PER LA *CREMA CATALANA*

Una variante molto piacevole della crema catalana nella sua versione base si può fare con gli stessi ingredienti, meno il limone e la cannella, a cui potrete aggiungere 120 g di cioccolato fondente al 70%. Preparate la crema pasticciera, fatela bollire per 3 minuti in modo che il composto cuocia e si rapprenda come da ricetta. A questo punto togliete dal fuoco, unite il cioccolato tritato e mescolate bene finché non sarà completamente sciolto. Finite con il raffreddamento in frigorifero, caramellate e servite tiepida con un sorbetto alla pera o al lampone di accompagnamento.

FARINA

C'era una volta la farina, ed era una farina buona e giusta, diversa, e parecchio, da quella a cui siamo abituati oggi.

Si otteneva dalla lavorazione di grani autoctoni, o da varietà di cereali non troppo selezionate, e per farla si adottavano metodi più rispettosi, tecnologie meno invasive; di sicuro le rese erano meno alte, ma l'attenzione andava tutta lì, alla materia prima. Da ragazzino qualche volta accompagnavo i miei nonni a raccogliere il frumento; succedeva d'estate, le scuole erano chiuse, si partiva al mattino e si restava fuori tutto il giorno. Nei campi c'era questa luce incredibile e l'aria si riempiva dei frammenti di paglia che le macchine facevano volare dappertutto. Ti si attaccavano addosso, sembravano coriandoli. Poi ci si spostava, i covoni e il grano venivano portati via. Gli adulti andavano di qua e di là e noi dietro. Il tempo passava, a un certo punto mi sembrava di non seguire tutti quei passaggi. Mi dicevo: "Come mai tutto questo lavoro?", perché sembrava non finisse mai. Era un po' noioso, a essere sinceri. Se ci ripenso, però, era anche molto bello, era come seguire un rituale che si ripeteva da secoli. Certo, rispetto a una volta le cose sono cambiate tantissimo, la lavorazione del frumento e degli altri cereali è stata spinta al massimo dalle tecnologie e dalle conquiste della scienza, ma tutta questa accelerazione ci ha portati a un paradosso. Perché le nostre farine, così bianche e raffinate, sono diventate sempre più povere. E per compensare questo impoverimento sono arrivate le aggiunte artificiali. Così tutte le celiachie, le intolleranze, le reazioni al glutine sono la risposta del nostro corpo a una farina che non è più la stessa, in cui le manipolazioni hanno tolto tutto ciò che aveva di buono. Per venirne a capo, allora, bisognerebbe fare un passo indietro. Bisognerebbe tornare alla materia prima e ripensarla, usando la parola chiave della qualità. La farina, infatti, è dappertutto in cucina: serve per impastare, per preparare le salse, per addensare i fondi di cottura; per impanare e preparare la pastella. Ma è anche farina "di servizio" per rivestire gli stampi da forno e impedire che gli alimenti si attacchino. E naturalmente si trasforma, perché si unisce alle uova, al burro, all'olio, all'acqua e diventa pane, pasta, pizza, polenta, biscotti, dolci e tutti i lievitati fantastici che ci possono venire in mente. È davvero una protagonista importante.

Allora, per arrivare alla svolta, nel nostro piccolo, potremmo aprirci a colori, consistenze e profumi diversi. Potremmo uscire dal cliché del "bianco è buono" e riscoprire il grigio. Magari con il grano saraceno, che è un grano di montagna, con un profumo denso, aromatico, diverso. È un ingrediente che a me piace tantissimo. Provatelo in un piatto unico come la *Zuppa di grano saraceno e baccalà arrostito* (p. 54), è un inizio. Se poi vogliamo fare un altro passo, andiamo a valorizzare un'altra farina grigia, quella di grano arso, tipica della Puglia. A me l'ha fatta conoscere Pietro Zito qualche anno fa. La particolarità del grano arso è che nasce dal bisogno di recuperare le spighe che cadono durante la mietitura. Per questo le stoppie e la paglia vengono bruciate e alla fine si recupera il grano che resta a terra. Quando esce dal mulino è uno sfarinato integrale, dal sapore unico e dalla grana un po' più grossa ed è l'ingrediente che abbiamo usato per caratterizzare i *Tagliolini* (p. 50). E naturalmente c'è il pane, perché anche lì bisognerebbe imparare a sfruttare di più (e meglio) le farine integrali, che sono complete e ricche di fibre e hanno dentro tutto il chicco, crusca compresa. Nella *Focaccia integrale* (p. 47) trovate la nostra proposta, una delle tante possibili, perché la panificazione ci apre orizzonti incredibili. Sappiamo che i sapori si arricchiscono tantissimo quando al posto del lievito comune usiamo il lievito madre, che dà quel tocco meraviglioso all'impasto e rende il processo di lievitazione naturale e leggero. I tempi si allungano, ma il risultato è sempre un prodotto digeribile e salutare. Un'altra cosa molto bella è la fermentazione dei semi. Lo facciamo anche noi al ristorante, ed è un procedimento che richiede tempo e cura. I semi (che possono essere di zucca o di girasole) vengono messi a bagno in acqua e lasciati a riposo; dopo un po' cominciano a formare un liquido di fermentazione che si filtra e si unisce all'impasto. Il risultato è quasi una magia, un'aggiunta che aiuta a sviluppare sapori molto caratteristici, leggermente aspri, straordinari. E poi ci sono le farine di addizione, farine che non vanno bene da sole, ma che integrate a quelle tradizionali danno qualcosa in più a tutti i lievitati. Nel *Pane al cacao* (p. 44), per esempio, andiamo a sfruttare la polvere di cacao, che si ottiene dalle fave, quindi da semi diversi dai cereali a cui siamo abituati. In questo senso le possibilità sono davvero entusiasmanti, ci spalancano scenari innovativi, penso per esempio a quello che si può produrre lavorando i semi del melograno o quelli del lino, ma anche le nocciole liguri e perfino la pala di fico d'India, da cui si ricava una farina verde speciale che, trattata nel modo giusto, aiuta a bloccare l'assorbimento degli zuccheri nei carboidrati. Come vedete, non è solo bianca la farina. Certo, esiste anche quella, e la ritroviamo nel *Plum cake pistacchio e ananas* (p. 64). Ma la parola d'ordine, quando si parla di questo ingrediente, è rompere gli schemi. È conoscere e rilanciare quelle varietà di grani antichi e autoctoni, tagliati fuori dalle coltivazioni intensive, e di conseguenza meno manipolati. Il loro punto di forza è che conservano una ricchezza di fibre, proteine e grassi buoni, ai quali possiamo e dobbiamo ritornare. Sono farine come la Tumminia siciliana, il grano Monococco, la Solina, il grano duro Saragolla, il Gentil Rosso, per dirne alcune. Ecco, dovremmo forse ritornare a quelle farine garantite, di nicchia e di qualità, lavorate con trattamenti meccanici rispettosi, come la macinatura a freddo. Prodotti ricchi ma leggeri, perfettamente digeribili che ci fanno fare in tavola una scelta di salute.

PANE AL CACAO

Quando si dice "cacao" la prima cosa che viene in mente è "cioccolato". Tecnicamente parlando, però, il cacao è una farina che si ottiene dalla macinazione dei semi contenuti nel frutto della pianta, che poi sono le famose fave di cacao. E come farina noi lo sfruttiamo preparando il pane, che è forse il prodotto lievitato per eccellenza. Per valorizzare questa versione molto aromatica (e molto ricca, per la presenza del burro), il modo migliore secondo me è farne dei bocconcini, dei piccoli sfizi, che sono fantastici se serviti appena tiepidi. Metteteci sopra un po' di lardo, e aspettate che sotto l'effetto del calore cominci appena a lasciarsi andare. Se non è goduria questa...

INGREDIENTI PER 4 PERSONE

500 g di farina 0 forte (280 W) • 100 g di farina di segale • 25 g di cacao in polvere • 25 g di lievito di birra • 250 g di acqua • 14 g di sale • 10 g di zucchero semolato • 100 g di uova • 150 g di burro • 1 uovo per lucidare

PREPARAZIONE E COTTURA: 3 ORE

Montate il gancio nella planetaria e impastate le farine insieme al cacao e al lievito che avrete precedentemente sciolto nell'acqua. In alternativa, lavorate gli ingredienti con lo sbattitore elettrico, con il gancio per impasti, a velocità bassa. Quando sarete più o meno a metà lavorazione, aggiungete il sale, lo zucchero e le uova; da ultimo unite il burro, che dovrà essere plastico, cioè freddo e di consistenza soda ma malleabile. La-

sciate riposare per 30 minuti, quindi tirate l'impasto a un'altezza di circa 1 cm e ricavatene dei cerchi di 1,5 cm di diametro. Disponeteli su una placca da forno, spennellateli con l'uovo sbattuto per lucidarli, quindi fateli lievitare in luogo tiepido a una temperatura di 28-30 °C per un'ora circa. Cuocete in forno preriscaldato a 200 °C per 15-16 minuti. Sfornate i panini, toglieteli dalla teglia e lasciateli raffreddare su una griglia coprendoli con un panno di stoffa, in modo da liberarli dell'umidità senza che si asciughino.
Potete servirli con il lardo affettato sottile, ma potete accompagnarli benissimo anche a delle fettine di pesce marinato o affumicato (pesce spada, salmone, storione), oppure ancora a un formaggio (il Pecorino di fossa ci sta benissimo) insieme a una marmellata di pere o a una senape.

POLVERE DI *PANE AL CACAO*

Se nel preparare i panini vi dovesse capitare di avere un po' di scarto, provate a farli di forma quadrata. In alternativa, tenete i bocconcini tondi come da ricetta e mettete da parte i ritagli di impasto. Poi fateli essiccare, polverizzateli con l'aiuto di un frullatore e usateli per impanare qualcosa di dolce. Per esempio, se preparate delle pesche all'amaretto e aggiungete alla farcia questa polvere di pane al cacao, saranno perfette.

FOCACCIA INTEGRALE CON I SEMI

Normalmente, quando parliamo di focaccia pensiamo alla focaccia bianca, preparata con farine piuttosto raffinate. Questa è un'alternativa fatta con la farina integrale e la farina di semi di lino, una preparazione che privilegia l'aspetto salutistico, legato a ingredienti che hanno proprietà e sapori un po' più complessi delle farine bianche. L'impasto poi è arricchito da una piccola percentuale di semi. Ne risulta un ottimo "spezza fame" che si può mangiare da solo o con un filo d'olio, oppure, in una versione un po' più ricca, con l'hummus, o ancora con un formaggio molle come lo squacquerone o qualche fetta di prosciutto.

INGREDIENTI PER 4 PERSONE

20 g di lievito di birra • 400 g di acqua • 200 g di farina integrale • 300 g di farina 0 • 100 g di farina di semi di lino • 10 g di malto • 2 g di sale • 30 g di semi misti (girasole, lino, chia, zucca) • olio extravergine di oliva

PREPARAZIONE E COTTURA: 60 MINUTI + LIEVITAZIONE

Come prima cosa, cominciate con lo sbriciolare il lievito di birra sciogliendolo nell'acqua fredda. Miscelate le farine con il malto, quindi impastatele con il composto di acqua e lievito. Quando sarete a metà procedimento unite il sale, e continuate a lavorare, in modo da ricavare una palla di consistenza liscia e omogenea. Lasciate riposare per 30 minuti, poi andate

a formare una pagnotta tonda, che ungerete con un po' di olio. Sistematela in una placca da forno e lasciatela lievitare in un luogo tiepido finché non avrà raddoppiato il volume.
A quel punto cospargetela con i semi misti e cuocetela in forno preriscaldato a 190 °C circa per 18 minuti. Sfornate e tenete a riposo per qualche minuto, poi coprite la focaccia con un panno pulito: in questo modo l'umidità potrà evaporare, senza che il pane si asciughi troppo.

TAGLIOLINI ALLA CHITARRA DI GRANO ARSO, RAFANO E SALSICCIA

La difficoltà principale di questa ricetta sta nel preparare bene la pasta; la farina di grano arso, infatti, è fantastica, ma per rendere bene va sempre integrata con una farina che si possa impastare e legare più facilmente. Noi abbiamo usato una parte di farina bianca per quasi tre parti di grano arso; voi potete fare delle prove e trovare la vostra proporzione. Naturalmente ci sono anche le uova (e in buona quantità), che ci vengono in aiuto per dare elasticità ai tagliolini. Il risultato è un piatto importante, con una pasta dal sapore deciso e una salsa in cui il rafano porta freschezza e piccantezza, creando un contrasto perfetto con la grassezza e la succulenza della salsiccia.

INGREDIENTI PER 4 PERSONE

Per i tagliolini: 2 uova intere grandi • 8 tuorli • 20 g di olio extravergine di oliva • 4 g di sale • 280 g di farina di grano arso • 100 g di farina bianca • 50 g di farina di riso. *Per la salsa al rafano*: 600 g di panna fresca • 50 g di rafano fresco • 200 g di salsiccia fresca di maiale • 1 mazzetto di cerfoglio • sale • pepe

PREPARAZIONE E COTTURA: 2 ORE

Cominciate a preparare la pasta sbattendo leggermente le uova insieme ai tuorli, all'olio e al sale, poi unite il composto

liquido alle farine già miscelate e lavorate bene il tutto, in modo da ricavare un impasto omogeneo e consistente. Con l'aiuto di una macchina tirapasta formate delle sfoglie rettangolari dello spessore di 2-3 mm: regolatevi in modo che siano lunghe circa 20-22 cm per 12-14 cm di larghezza. Con l'aiuto di una chitarra, formate i tagliolini e divideteli in matassine, avendo cura di tenerli ben separati e spolverizzandoli con la farina di riso per non farli attaccare. Una volta che si saranno asciugati, conservateli in luogo fresco, al riparo dalla luce. Se non doveste avere la chitarra, tagliate la pasta a mano, per cui prendete la sfoglia tirata, ripiegatela su se stessa 3-4 volte e poi usate il coltello per ricavare i tagliolini. Naturalmente c'è anche la macchina tirapasta con la trafila per i tagliolini, ma lavorare a mano è sempre un esercizio fantastico per acquisire manualità e disinvoltura in cucina. Mettete da parte i tagliolini e in un pentolino portate a bollore la panna, rimestandola con una frusta o con una spatola di gomma. Dovrà continuare a bollire fino a raggiungere una consistenza fluida ma cremosa, riducendosi quasi della metà (considerate che alla fine dovrà avere un peso di 350-400 g). Incorporatevi il rafano, precedentemente pelato e grattugiato, e regolate di sale. Tenete la salsa da parte, finché avrà preso l'inconfondibile nota piccante e aromatica della radice, quindi filtrate con un colino e lasciate riposare. In una padella rosolate appena la salsiccia spezzettata in bocconcini, avendo cura di mantenerla rosa dentro (in questo modo, tratterrà tutti i succhi e il suo sapore ricco, ma al tempo stesso perderà parte del grasso che la renderebbe pesante). Cuocete la pasta in acqua salata: calcolate 3-4 minuti se usate la pasta appena fatta, aggiungendo altri 2-3 minuti se invece l'avete fatta asciugare. Scolate e trasferite i tagliolini in padella, unendovi la salsiccia e la salsa di rafano, cercando di tenerli morbidi e ben mantecati. Regolate di sale e pepe se necessario, poi completate con qualche foglia spezzata di cerfoglio a piacere.

IL RAFANO

Il rafano è una radice molto diffusa, si può coltivare ma a volte si trova anche nel giardino di casa ed è fantastico da consumare fresco (in questo caso è da usare in autunno, che è la stagione migliore per raccoglierlo; in alternativa si può mettere in congelatore e grattugiare al momento). Se non lo trovate fresco, va bene anche quello in barattolo. Visto che si conserva con l'aceto, dovrete stare un po' più attenti... Prima di usarlo, meglio sempre eliminare l'aceto in eccesso, scolandolo e pressandolo leggermente in un colino. Poi, quando lo aggiungete nel piatto, assaggiate sempre, per verificare che il sapore sia equilibrato.

ZUPPA DI GRANO SARACENO E BACCALÀ ARROSTITO

Questo è un piatto complesso, in cui la tipicità del grano saraceno viene sfruttata per fare una zuppa; non la solita minestra, ma qualcosa di diverso. Il grano saraceno, infatti, ha un sapore caratteristico, che è fresco, invitante, molto particolare. A me piace moltissimo. La farina che ne deriva si può ritrovare nella polenta, nei pizzoccheri e in alcuni dolci. È molto diffusa anche nella gastronomia giapponese, per esempio è quella che si utilizza per fare gli spaghetti soba. Noi in questa ricetta valorizziamo i chicchi del grano saraceno, che serviamo con un baccalà in doppia cottura all'interno di un piatto unico che vi conquisterà.

INGREDIENTI PER 4 PERSONE

4 tranci di baccalà dissalato da 70-80 g l'uno • ½ cipolla bianca • 1 costa di sedano piccola • ½ carota di medie dimensioni • 1 spicchio di aglio in camicia • 100 g di chicchi di grano saraceno • 1,5 l di acqua • olio extravergine di oliva • sale • pepe nero

PREPARAZIONE E COTTURA: 1 ORA E 20 MINUTI

Ponete i tranci di baccalà in una bastardella capiente. A parte portate a bollore acqua sufficiente per coprire il pesce, toglietela dal fuoco, fatele perdere il bollore e versatela sui tranci. Coprite la bastardella con della pellicola per alimenti, forate la pellicola con la punta del coltello e lasciate raffreddare. Poi togliete il baccalà dall'acqua e tenetelo da parte.

In una pentola scaldate un cucchiaio di olio extravergine di oliva, quindi rosolatevi dolcemente le verdure tagliate a cubetti piccoli e lo spicchio di aglio; unite anche il grano saraceno, fatelo appena rosolare e versatevi il litro e ½ d'acqua. Quando bollirà, cuocete per 15 minuti, finché il grano non sarà cotto e la vostra zuppa legata ma molto blanda. A questo punto spostate la pentola fuori dal fuoco e regolate di sale e pepe.
Passate il baccalà ben asciugato sulla griglia, in modo da "segnarlo" e ottenere una superficie dorata e quasi croccante.
Per impiattare, versate la zuppa di grano saraceno in una fondina e ponetevi al centro il baccalà arrostito, condito con sale e un filo di olio. Guarnite con delle foglioline o dei pezzetti di sedano.

UNA VARIANTE PER LA *ZUPPA DI GRANO SARACENO*

Se vi state chiedendo perché il baccalà sia cotto due volte, la vostra curiosità sta per avere soddisfazione. Vogliamo dare sapore al pesce, ma vogliamo anche tenerlo morbido e ricco. La cottura con l'acqua bollente è quindi un primo passaggio, che serve ad ammorbidire la fibra. È una specie di preparazione per la fase due, in cui prendiamo il pesce e lo cuociamo sul fuoco per dargli la crosticina (e il sapore). Scegliete la griglia se volete sentire il suo profumo inconfondibile, altrimenti usate una bistecchiera o una padella antiaderente a fuoco molto alto. Se vi piacciono i sapori decisi, potete ricorrere a una vecchia usanza delle zuppe tradizionali, quella di mettere un pezzo di prosciutto nella pentola (di solito si usa una parte di scarto abbastanza secca, oppure si sfruttano la cotenna o l'osso), per rafforzarne il sapore finale. Quando portate a bollore il grano saraceno, unite quindi 80-100 g di prosciutto e tenetelo dentro per tutta la cottura. Attenzione al sale, perché lo scarto darà una nota sapida molto marcata e la zuppa, riducendosi, si concentrerà. Alla fine avrete un bel piatto carico, invernale, fantastico con un bel bicchiere di vino rosso di accompagnamento.

PETTI DI QUAGLIA IN CROSTA DI PANE, ZUCCHINE E IL LORO FIORE

Questa è una preparazione abbastanza difficile, non tanto per la ricetta in sé, ma per la cottura in crosta, che rappresenta sempre un'incognita. In più aggiungiamo un elemento di sfida, andando a tirare la pasta di pane con un fiore di zucchina che rimane nella trama. Se volete correre il rischio, è un piatto fantastico per stupire gli ospiti; li vedrete a occhi spalancati davanti al pentolino che arriva in tavola con il suo coperchio di pasta di pane, fragrante e molto molto invitante. Quando la copertura viene rotta, si sprigiona il profumo irresistibile dei petti di quaglia con le zucchine e la pancetta. E voi avete fatto centro.

INGREDIENTI PER 4 PERSONE

Per la pasta di pane: 250 g di farina 0 • 3 g di sale • 1 cucchiaio di olio extravergine di oliva • 135-145 g di acqua • 5 g di lievito di birra • 1 uovo per lucidare. *Per i petti di quaglia*: 8 zucchine medie con il loro fiore • 1 scalogno • 1 spicchio di aglio • 8 petti di quaglia • 50 g di burro • 4 pezzetti di pancetta affumicata (30 g in tutto) • timo fresco • 140 g di vino bianco secco • olio extravergine di oliva • sale • pepe bianco

PREPARAZIONE E COTTURA: 45 MINUTI

Cominciate a preparare la pasta di pane che servirà per la crosta: impastate la farina con il sale, l'olio e l'acqua in cui

avrete precedentemente fatto sciogliere il lievito sbriciolato. Lavorate gli ingredienti con energia fino a ottenere un impasto liscio e omogeneo. Fatelo lievitare coperto dalla pellicola per 3 ore, tenendo presente che alla fine della lievitazione dovrà circa triplicare il volume di partenza. Lasciate riposare.
Pulite le zucchine, privatele con delicatezza dei fiori e togliete i pistilli, che terrete da parte. Poi incidete i fiori, apriteli stendendo bene tutta la corolla, in modo da ottenere una forma che ricordi una corona stilizzata. Conservate in frigorifero (vi serviranno 4 fiori, ma voi teneteli tutti e 8 a portata di mano, perché non si sa mai...) e procedete a tagliare le zucchine: dovrete ricavare delle rondelle spesse 1 cm circa. Tagliate lo scalogno a julienne e lasciatelo appassire a fuoco dolce in padella con un cucchiaino di olio e uno spicchio di aglio schiacciato. A questo punto alzate la fiamma e mettete in padella le rondelle di zucchine con i pistilli, rosolate bene e aggiustate di sale e pepe. Quando saranno croccanti, toglietele dal fuoco e lasciate raffreddare velocemente.
In una padella a parte rosolate in 2 cucchiai di olio i petti di quaglia che avrete precedentemente salato. Attenzione perché all'inizio la cottura deve essere a fuoco vivo, ma i petti non dovranno bruciare. Dopo qualche minuto abbassate la fiamma, eliminate dalla padella solo il grasso in eccesso, quindi unite una noce di burro, lo spicchio di aglio schiacciato, la pancetta a tocchetti e un rametto di timo. Fate andare la quaglia dolcemente per altri 3 minuti con tutti gli aromi, quindi togliete la carne ma mantenete il resto, eliminate il grasso e sfumate con il vino bianco in modo da ottenere una piccola quantità di salsa. Adagiate i petti di quaglia a 2 a 2

in cocotte o piccole zuppiere (scegliete dei contenitori che vadano anche in forno), distribuitevi le zucchine con i pistilli, la pancetta, qualche fogliolina di timo e un cucchiaio scarso di salsa per ogni porzione. Passate il bordo esterno dei vostri contenitori (nella parte alta) con un pennellino che avrete precedentemente intinto nell'uovo sbattuto: sarà la "colla" per fissare i dischi di pasta di pane che andranno a sigillare i recipienti, proprio come un coperchio.

A questo punto tirate fuori dal frigo i fiori di zucchina, prendete la pasta di pane e lavoratela con il mattarello fino a ottenere una sfoglia alta 4 mm circa. Una volta tirata, dividetela in quattro rettangoli e ponete nella parte alta di ciascun rettangolo una corona fatta con il fiore di zucchina. Ripiegate a metà, in modo da coprire il fiore, quindi tirate delicatamente al mattarello, in modo da ottenere una sfoglia in cui si intraveda in trasparenza la corona di zucchina. Posate una sfoglia sopra a ogni contenitore e fate aderire bene la pasta al bordo (lì dove l'avrete spennellata con l'uovo). Con la punta di un coltello o con le forbici tagliate la pasta in eccesso e tenetela da parte. Se ve ne dovesse rimanere un po', potete anche cuocerla con un po' di sale in superficie per avere uno stuzzichino semplice ma gustoso. Mettete i contenitori coperti con la pasta di pane in forno già caldo a 200 °C e cuocete per 8 minuti circa, finché la crosta sarà bella dorata e croccante. Servite subito.

IN CROSTA CON LA PASTA MATTA

Se la pasta di pane non è fatta alla perfezione, potrebbe ritirarsi e creparsi in cottura. E potrebbe finire dentro al tegame, o alla cocotte. Per aggirare questo pericolo, nelle cotture in crosta a volte si usa la pasta sfoglia che, a differenza di quella di pane, non lievita. Purtroppo, però, è ricca di burro e quindi non si presta granché a fare da coperchio perché, avendo una parte grassa, tenderebbe comunque a cadere. Una soluzione meno rischiosa potrebbe essere allora la pasta matta, un composto molto semplice fatto di acqua e farina, che però non è buono da mangiare. In questo caso lavorate una parte di acqua per 2 di farina, regolandovi con eventuali aggiunte a mano a mano che impastate. Quando avrete ottenuto un composto liscio e omogeneo, fermatevi e lasciate a riposo per mezz'ora circa. Nel frattempo, cuocete i petti di quaglia in una pentola di ghisa, poi metteteci il coperchio e alla fine sigillatelo con un cordone di pasta matta, facendolo aderire bene e girandolo con cura intorno alla pentola. Infornate e al termine della cottura tirate fuori la pentola, rompete il cordone di pasta matta, alzate il coperchio e servite.

PLUM CAKE PISTACCHIO E ANANAS

Qui partiamo dalla farina bianca e la lavoriamo con una parte più ricca e morbida data dalle paste di mandorle e pistacchio montate con il burro. Il risultato è un dolce fantastico, che si può servire a colazione o a merenda e che viaggia su un abbinamento diventato ormai un classico. Da un lato infatti ritroviamo la freschezza e la dolcezza dell'ananas, dall'altro c'è il pistacchio con la sua complessità di gusto e quella parte di sale che dà al piatto un'espressione unica. Se poi prendete il vostro plum cake e gli mettete vicino un estratto di rabarbaro e melograno, avrete un accompagnamento profumatissimo, in cui l'aspro si combina con il dolce. Del melograno usate i chicchi, del rabarbaro tenete anche la buccia (dopo averlo ben lavato, naturalmente), che è la parte estrattiva più ricca e buona da usare.

INGREDIENTI PER 4 PERSONE

150 g di burro morbido • 30 g di pasta di pistacchio • 10 g di pasta di mandorle • 20 g di ananas candito (naturale, cioè senza zucchero) • 135 g di uova • 145 g di farina 0 • 3 g di lievito chimico • 30 g di pistacchi salati rotti a metà

PREPARAZIONE E COTTURA: 60 MINUTI + RAFFREDDAMENTO

Per cominciare, prendete il burro, la pasta di pistacchio e la pasta di mandorle e lavoratele con il frullatore per almeno 4 minuti, in modo da amalgamare bene tutti gli ingredienti.

In una bacinella a parte frustate le uova insieme allo zucchero fino a renderle fluide e spumose. A questo punto munitevi di un contenitore capiente, trasferitevi il composto di burro, pasta di mandorle e di pistacchio, incorporatevi anche la crema a base di uova e zucchero aiutandovi con un leccapentola, poi mescolate bene, con un movimento dal basso verso l'alto. Quando l'impasto avrà raggiunto una consistenza omogenea, unitevi la farina e il lievito setacciati. Non trascurate mai questo passaggio: setacciare è un trucco alla portata di tutti che vi permette di alleggerire la farina, facendo sì che si amalgami molto più velocemente e uniformemente, senza il rischio di grumi in cottura. Completate l'impasto aggiungendo l'ananas candito a pezzi e i pistacchi rotti. Trasferite tutto in uno stampo imburrato e infarinato, poi cuocete in forno preriscaldato a 170 °C per 35-40 minuti. Togliete dal forno, lasciate raffreddare e guarnite a piacere con zucchero a velo e qualche fogliolina di menta.

Se volete fare i fighi, potete personalizzare il vostro plum cake. Quando esce dal forno, spennellatelo con 50 g di succo d'ananas fresco (centrifuga o estratto, che è ancora meglio), che darà alla vostra preparazione un tocco ancora più speciale.

UNA VARIANTE PER IL *PLUM CAKE*

Per chi lo ama, il cioccolato è una di quelle cose che non dovrebbero mai mancare in un dolce (e nella vita). Questa variante ne è la prova. Preparate una ganache, facendo bollire 250 g di panna e versandola su 380 g di cioccolato fondente al 70% a pezzetti che avrete raccolto in un contenitore. Mescolate dal centro verso i bordi, creando e mantenendo un'emulsione, poi lasciate riposare per 5 minuti, durante i quali terrete il plum cake in freezer. Tirate il dolce fuori dal freezer, appoggiatelo su una griglia o su una teglia e ricopritelo con la ganache al cioccolato. Ricopritelo a piacere con delle codette di cioccolato colorate.

PATATE

Le patate sono un po' la base della cucina. Quando diciamo: «Non andrebbe bene nemmeno per pelare le patate!» parliamo di qualcuno che non sa fare niente.

Si dà per scontato che preparare queste verdure sia una cosa facile. Sul pelarle posso darvi ragione, ma sul tagliarle dovremmo aprire una parentesi. Tagliarle è una pratica che richiede manualità, capacità, precisione e rispecchia un'attitudine e una buona abilità nell'usare gli strumenti del mestiere (pelapatate, spelucchino, scavino). Quando alla scuola alberghiera si faceva la patata, era sempre un supplizio perché ti dicevano di prepararla a botticella, e allora sapevi che dovevi farla così e così, ricavando sei lati perfettamente regolari, ma magari era la prima volta che prendevi in mano il coltello e dovevi lavorare di precisione, concentrandoti tantissimo. Poi con l'esperienza e la pratica acquisivi scioltezza e manualità, ma la patata era sempre la patata: un banco di prova notevole per chi stava in cucina e per chi anche oggi ci si cimenta. Perché, al di là della veste semplice e dimessa, per essere trattata bene questa materia prima necessita di grande confidenza. E questo vale non solo per il taglio ma anche per le cotture, perché ha tante possibilità, può essere lessata, rosolata, arrostita, fritta, fatta al forno, ma deve essere sempre valorizzata al meglio. Si può cuocere e lavorare con la farina, o con le uova, diventando la base per uno gnocco o per un raviolo, ma può essere anche il punto di partenza per un purè. Si può utilizzare per tenere insieme una salsa o un condimento, grazie al suo apporto di amido che "lega". E ancora si può mettere nelle zuppe, nei ripieni, ma anche nelle minestre, e qualche volta si usa nei dolci e nel pane. La troviamo nelle focacce o nei rösti con l'aggiunta di erbe, aromi e spezie, e in alcuni casi si può cuocere con la buccia: se è sottile e delicata come nelle patate novelle, diventa croccantissima.

Di sicuro, se dobbiamo evocare il luogo in cui la patata è la regina della tavola, non possiamo non tirare in ballo la Francia. Senza allontanarci troppo dal vero, sono stati i francesi a "inventarla", non solo perché hanno fatto scuola nelle preparazioni e nelle tecniche, ma perché di fatto è grazie a loro se è arrivata sulla tavola. Infatti, quando sbarcò in Europa, qualche decennio dopo la scoperta dell'America, il tubero più famoso del mondo non era per niente popolare. Anziché nei piatti, finiva nei giardini botanici, come curiosità o come pianta ornamentale. La gente si rifiutava di mangiarlo e lo riciclava come cibo per il bestiame. Il suo rilancio si deve a Monsieur Parmentier, vissuto alla corte di Luigi XVI, che fece una propaganda così efficace e riuscita in difesa della patata, che alla fine riuscì ad abbattere quel pregiudizio alimentare così duro a morire. E ci riuscì tanto bene che poi nelle campagne e tra i ceti poveri, in Francia e altrove, questo ingrediente divenne una fonte quasi esclusiva di nutrimento. Ancora oggi il nome di Parmentier è legato ad alcune ricette classiche, come l'*Hachis Parmentier*, un piatto che amo tantissimo e che trovate reinterpretato a p. 84. Un po' una dimostrazione del fatto che la patata non è solo un accompagnamento, ma un piatto con la "P" maiuscola. Un'altra cosa in cui i nostri cugini d'Oltralpe vanno forte è il purè, una roba superlativa, sontuosa perché è soffice e avvolgente, ricchissimo. Nella preparazione loro usano due terzi di burro per il peso delle patate: una bomba dal punto di vista calorico, ma in bocca qualcosa di mistico.

Da noi in Italia la patata è arrivata un po' più tardi e ha avuto grande fortuna, pur affiancandosi a una cultura già forte del frumento e dei cereali. E così, se i francesi hanno inventato il purè e le patatine fritte (che non a caso si chiamano French Fries), noi dalla nostra abbiamo gli gnocchi, una preparazione che si ritrova nella tradizione di molte cucine regionali e che, in alcuni casi, ha origini anche antiche. È un piatto straordinario, con cui ci siamo fatti conoscere e apprezzare dappertutto e in cui siamo riusciti a dare moltissimo in termini di sviluppo, valorizzazione e trasformazione della materia prima. Il successo si capisce, quando vediamo che persino i francesi ce lo copiano. Ma rimane indiscutibilmente il nostro forte.

Gli gnocchi sono un esempio; per riscoprire altre possibilità di utilizzo della patata possiamo partire da un piatto di verdure rosolate in tegame, che è un contorno molto gustoso (*Tegame di patate, carciofi* e *cipolline*, p. 74). C'è poi la saporitissima *Zuppa di patate e ortiche* (p. 81), in cui le patate di montagna vengono accompagnate a un'erba spontanea dal sapore inconfondibile per un primo molto gustoso. E poi preparatevi a giocare, perché il *Tortino di patate alla paprika affumicata* (p. 78) e le *Crocchette di patate e baccalà* (p. 87) sono due ricette fantastiche da cui potrete prendere ispirazione per creare le vostre varianti su misura, le vostre combinazioni personalizzate.

TEGAME DI PATATE, CARCIOFI E CIPOLLINE

In questo piatto usiamo le patate novelle, che sono forse le patate per antonomasia, quelle che da sempre sono state sfruttate di più per le cotture al forno perché considerate fresche, morbide, con una meravigliosa crosticina che si crea in cottura. Quando si trattava di accompagnare una carne, per un sacco di tempo hanno avuto l'esclusiva. Oggi è cambiato il modo di farle e si cercano preparazioni diverse, più interessanti. Noi, per esempio, le mettiamo in un tegame di verdure, dove le cuociamo in maniera diretta, usando anche carciofi e cipolline, e cioè una parte dolce e una parte aromatica, con le patate in mezzo che fondono perfettamente i due sapori.

INGREDIENTI PER 4 PERSONE

2 carciofi • succo di ½ limone • 400 g di patate novelle • 60 g di burro • 1 rametto di rosmarino • 4 foglie di salvia • 2 cucchiai di olio extravergine di oliva • 1 spicchio di aglio • 16 cipolline • ½ cucchiaio di zucchero a velo • 80 g di acqua • 1 rametto piccolo di mentuccia • sale • pepe

PREPARAZIONE E COTTURA: 30 MINUTI

Come prima cosa dovrete mondare i carciofi tagliando i gambi a 2 cm circa dalla testa e privandoli delle spine. Eliminate le foglie più esterne, quindi liberate il cuore dalla "barba" presente al centro (per questa operazione aiutatevi con uno

scavino). Tagliate poi i carciofi a quarti o a sesti, trasferendoli in acqua acidulata con succo di limone in modo da evitare l'ossidazione che li priverebbe del loro bellissimo colore. Non esagerate, però, e non teneteli troppo a lungo in ammollo, o l'acqua si porterà via anche il loro ottimo sapore. Nel frattempo lavate con cura le patate, tenendole così come sono, cioè con la buccia che naturalmente dovrete pulire perfettamente. Sbollentatele per 5 minuti in acqua salata, dopodiché scolatele e asciugatele un po'.

In una padella sciogliete 40 g di burro con 2 cucchiai di olio extravergine di oliva e cuocetevi le patate tagliate (se sono grandi, tagliatele a metà) a fuoco medio per 15-20 minuti, aggiungendo un po' di sale dopo qualche minuto. Doratele piano piano, creando una crosticina esterna, ma attenzione a non bruciare olio e burro. A metà cottura unite il rosmarino, le foglie di salvia e lo spicchio di aglio in camicia. Quando le patate saranno cotte, eliminate il grasso in eccesso e tenetele da parte nella loro pentola, meglio se in un posto tiepido.

Adagiate le cipolline (anch'esse private della parte più esterna) in una padella dai bordi alti, unitevi 20 g di burro più lo zucchero a velo, quindi lasciate andare per 10 minuti a fuoco medio muovendo la padella cosicché le verdure si possano rosolare e caramellizzare nel modo più uniforme possibile, senza scurire troppo. Togliete dalla padella l'eventuale grasso in eccesso e unite le cipolline alle patate, condendo il tutto con sale e pepe.

In un'altra pentola scaldate un cucchiaio di olio extravergine di oliva e rosolatevi i carciofi a spicchi, bagnate con 80 g di acqua, salate e coprite con il coperchio cuocendo per 3-4 minuti a fuoco vivo. Quando saranno cotti, aggiungete la mentuccia spezzettata con le mani. Impiattate disponendo patate e cipolline al centro e gli spicchi di carciofo intorno, terminando con le foglie di mentuccia a pezzetti.

CARNE E PESCE CON IL *TEGAME DI PATATE*

Questo è un piatto di verdure che va bene come accompagnamento e si può abbinare al pesce o alla carne. Se volete farlo con il pesce, prendete un trancio di nasello, cuocetelo in un tegame, poi toglietelo, fatelo riposare a parte e nella stessa pentola procedete con la cottura delle verdure, seguendo la sequenza spiegata nella ricetta. In alternativa, preparate un filetto o un arrostino di vitello o di maiale e cuocete tutto insieme. In questo caso dovrete essere bravi e avere una buona conoscenza degli ingredienti e delle loro cotture, regolandovi di conseguenza per l'aggiunta delle verdure in successione. Partite dalla rosolatura di carne e patate insieme, poi, quando sarete circa a metà cottura, unite le cipolline. Fate andare a fiamma media, poi aggiungete i carciofi, quando mancheranno 5 minuti alla fine.

TORTINO DI PATATE ALLA PAPRIKA AFFUMICATA

La paprika è una spezia ormai entrata "di ruolo" anche nella nostra cucina; noi l'abbiamo presa dall'Ungheria e l'abbiamo conosciuta soprattutto attraverso il gulash, che è spuntato nei menu di tanti ristoranti tra la fine degli anni Settanta e gli anni Ottanta. A me piace moltissimo la versione affumicata (in Spagna ce n'è una che porta il nome di "pimenton"), con il suo sapore intenso e quel retrogusto importante, profondo, che adoro. In questo tortino vegetariano la sua nota leggermente piccante e amarognola si accompagna benissimo alla morbidezza della patata, e viene rinfrescata dall'acidità della salsa allo yogurt con zest di lime.

INGREDIENTI PER 4 PERSONE

2 patate Amandine medie • 30 g di burro chiarificato • 5 g di paprika affumicata • 10 g di yogurt bianco intero • 1 lime • sale

PREPARAZIONE E COTTURA: 45 MINUTI

Lavate le patate e asciugatele con cura, quindi tagliatele lungo il lato corto ricavando delle fettine tondeggianti, spesse 4 mm circa, che andrete a rifilare con l'aiuto di un coppapasta del diametro di 5-6 cm, in modo da avere dei dischetti tutti uguali. In una padellina che possa andare in forno del diametro di 15 cm circa pennellate un po' di burro chiarificato sciolto e adagiatevi le lamelle di patate a corona, bagnandole in superficie con altro burro chiarificato, sempre con l'aiuto di un pen-

nello. Salate e spolverizzate le lamelle di patate con la paprika affumicata, quindi, un attimo prima di infornare, date un'ultima passata di burro chiarificato. Cuocete in forno caldo a 180 °C finché il tortino non sarà ben dorato.
Sfornate, lasciate intiepidire, quindi servite con una salsa allo yogurt a cui avrete incorporato della scorza grattugiata di lime.

TRE VARIANTI PER IL *TORTINO DI PATATE*

Il tortino è uno dei tanti modi per servire le patate; si può pensare come piatto unico vegetariano o si può accompagnare a una carne. Il punto forte è che è una preparazione aperta, che si presta a tante varianti, con integrazioni diverse di volta in volta. Su questa base con la paprika affumicata, per esempio, potete alternare patate e zucchine a lamelle, ma ci stanno bene anche le melanzane o il cipollotto a fettine (usando la parte verde, che è migliore). Un'altra possibilità è la zucca, sempre tagliata sottile. Però in questo caso, per condire sostituite la paprika con della polvere di rosmarino, ottenuta essiccando e frullando gli aghi della pianta.

ZUPPA DI PATATE E ORTICHE

L'ortica è un'erba che cresce spontanea e si raccoglie a primavera, prima che arrivi il grande caldo. Da piccolo la odiavo, perché quando si andava per fossi e campi guai a essere "punti" dalle ortiche, facevano un male cane. Crescendo ho invece imparato ad amarle, perché in cucina sono fantastiche, hanno un sapore molto caratteristico, ma al tempo stesso pulito, quasi delicato. Vanno alla grande nelle farce e nei ripieni (i ravioli con ricotta e ortiche sono un classico), ma qui noi le serviamo in una zuppa per valorizzare una consistenza più interessante, una sensazione leggermente rugosa quando sono in bocca, in contrasto con la patata che invece rimane morbida. Per avere un prodotto di prima qualità, il mio consiglio è di affidarvi sempre a un buon ortolano: chiedetegli un'ortica raccolta in aperta campagna, lontana dal traffico e dalle coltivazioni intensive.

INGREDIENTI PER 4 PERSONE

1 cipolla bianca • 1 spicchio di aglio • 400 g di ortiche • 3 patate di montagna medie • 700 g di brodo vegetale • 2 cucchiai di olio extravergine di oliva • crostoni di pane per servire • sale • pepe bianco

PREPARAZIONE E COTTURA: 25 MINUTI

In una pentola fate appassire a fuoco medio la cipolla tagliata a julienne insieme allo spicchio di aglio in camicia e a un cucchiaio di olio extravergine di oliva. Unite le ortiche che avrete avuto modo di lavare con cura e di tagliare a pezzetti.

Fate rosolare a fuoco dolce, poi aggiungete le patate precedentemente pelate e tagliate a cubetti. Aggiustate di sale e coprite tutto con il brodo. Lasciate cuocere a fuoco medio finché non avrete una zuppa ancora brodosa, ma ricca e ben amalgamata. Servite nelle fondine terminando con un filo di olio di oliva, una macinata di pepe e dei crostoni di pane tostato. Avrete un piatto semplice, veloce da fare e molto saporito, perfetto anche per chi è vegano.

HACHIS PARMENTIER CON RAGÙ ALLA BOLOGNESE

Parmentier è stato una di quelle figure geniali che hanno dato un contributo importantissimo alla storia della nostra cucina. La crema Parmentier, una vellutata fatta con porri e patate, è forse la sua creazione più famosa, ma il piatto che mi ha sempre stimolato di più è l'Hachis Parmentier. È una preparazione semplice ma piena di sapore, che ha la base consistente della carne e la cremosità della patata, che avvolge il palato e dà moltissima soddisfazione in bocca. La cosa che più mi piace è il gioco, perché variando le carni otteniamo un sapore sempre diverso. Nella nostra versione, per esempio, c'è il ragù alla bolognese, ma si può utilizzare benissimo un ragù di anatra, di pollo o di selvaggina. È bella anche la possibilità di puntare sul recupero, sfruttando gli avanzi di carne in un piatto prelibato.

INGREDIENTI PER 4 PERSONE

300 g di ragù alla bolognese • 800 g di patate • 100 g di latte • 3 cucchiai di olio extravergine di oliva • 100 g di Parmigiano Reggiano grattugiato • 30 g di pane grattugiato • sale • pepe nero

PREPARAZIONE E COTTURA: 45 MINUTI

Lavate le patate e cuocetele in acqua bollente salata. Quando saranno pronte, pelatele e passatele nello schiacciapatate. Regolate di sale e di pepe, poi aggiungete latte caldo e olio in 3

o 4 tempi, continuando a lavorare il purè con un mestolo di legno. A questo punto scegliete se servire il piatto in quattro cocotte monoporzione o in un'unica pirofila di portata, quindi componete gli strati.
Alla base del contenitore formate uno strato di ragù alto circa un paio di cm. Coprite il ragù con uno strato uguale di purè di patate, avendo cura che le due preparazioni non si mescolino. Spolverizzate la superficie con il Parmigiano Reggiano e il pane grattugiato. Infornate a 180 °C e cuocete per 15-20 minuti, fate riposare ancora una decina di minuti quindi portate in tavola e servite.

CROCCHETTE DI PATATE E BACCALÀ

La crocchetta è un classico della cucina veloce, è uno snack perfetto da mangiare con le mani, magari dentro un cartoccio e con una maionese fresca di accompagnamento (come quella che trovate a p. 270), o una salsa all'aglio. Molte volte può essere anche una ricetta di recupero, per cui, nel nostro caso, non sceglïete il pezzo più bello del baccalà, ma imparate a sfruttare le parti meno pregiate del pesce, come la pancia o la coda, perché poi prenderanno la forma della crocchetta e per una volta non avranno bisogno di essere anche belle da vedere.

INGREDIENTI PER 4 PERSONE

200 g di baccalà • 300 g di patate • 50 g di burro morbido • 2 uova • 3 fili di erba cipollina • 1 rametto di prezzemolo • 1 cucchiaino di Parmigiano Reggiano grattugiato • 100 g di farina bianca • 130 g di pangrattato • 20 g di farina di mais • olio di semi di girasole per friggere • 1 cucchiaio di olio extravergine di oliva • sale • pepe nero

PREPARAZIONE E COTTURA: 45 MINUTI + RIPOSO

Cuocete il baccalà a vapore, poi eliminate la pelle e riducetelo a brandelli, aiutandovi con un mestolo di legno e poi con una frusta a maglie larghe e rigide. Tenete da parte.
Lessate le patate in acqua bollente salata, poi scolatele, privatele della buccia e lavoratele con lo schiacciapatate o con una forchetta. Rimestando con cura il composto, unite anche il

burro morbido (tagliato a tocchetti) e un uovo. Quando vedrete che tutti gli ingredienti sono ben amalgamati, aggiungete il baccalà sfilacciato, poi il prezzemolo e l'erba cipollina tritati. Condite con sale, pepe, Parmigiano Reggiano e un cucchiaio di olio extravergine di oliva.

Formate con questo composto delle crocchette di 3-4 cm di diametro; passatele nell'uovo sbattuto e poi in una miscela di pangrattato e farina di mais. Friggetele immergendole in abbondante olio di semi di girasole, a una temperatura di 180-185 °C. Scolatele e lasciatele asciugare su carta assorbente per togliere il grasso in eccesso, quindi servite ben calde.

CROCCHETTE AL RAGÙ E AL SALMONE

Se volete cambiare, potete preparare le vostre crocchette anche partendo da un ragù, che sia di carne o di pesce, scegliete voi. L'importante è che non sia troppo umido, o rischiate di ritrovarvi con una base molle, che potrebbe rovinare la riuscita del piatto. Se invece volete rimanere fedeli alla ricetta, cambiate semplicemente varietà di pesce. Prendete del salmone, cuocetelo a vapore e lavoratelo allo stesso modo del baccalà, oppure cercate lo sgombro, un pesce che io adoro quando è fresco. Entrambi daranno alla vostra preparazione un gusto unico e il salmone porterà anche una nota di colore molto bella.

LIMONE

Si fa presto a dire limone, ma se guardiamo sotto la scorza c'è tutto un mondo. Perché questo agrume, diffuso dal Mediterraneo al Sudamerica, passando per il Sudafrica e l'Asia, è una materia prima dal gusto inconfondibile.

Lo apprezziamo in cucina per la sua freschezza, la sua schiettezza e quella nota di acidità, fantastica, che è un po' il jolly che va sul dolce e sul salato, e si può giocare su tutte le portate, dall'aperitivo al dessert. Se quello che lo richiama di più è il pesce, in realtà sta benissimo anche sulla carne: provate a pensare al roast beef all'inglese o allo *Stinco di vitello al limone candito* che troverete in questa sezione (p. 105). E poi è perfetto con la pasta, magari appena grattugiato sulla salsa di pomodoro: è una cosa di cui vado pazzo. Lo si ritrova ovviamente in tanti condimenti, nelle salse, nei dolci, nei cocktail. Grazie alla

sua parte astringente viene spesso proposto come digestivo. Un classicone che andava qualche anno fa, forse lo ricordate anche voi, era lo sgroppino, lo sgropìn, per dirlo alla veneta (che già dal nome prometteva di "sgroppare", cioè di slegare lo stomaco durante un pasto importante): era un sorbetto a base di limone con una parte alcolica, in genere Prosecco o vodka, montato e servito nelle flûte o nelle coppe da frutta.
Di sicuro una delle caratteristiche di punta del limone è la sua versatilità, resa ancor più bella dal fatto che ha tanti "fratelli" con cui si può abbinare. Penso al lime, che è una scoperta piuttosto recente e che adesso va molto di moda, o al finger lime, ancor più particolare, che da fuori ricorda una piccola zucchina o un cetriolo. Tagliandolo, però, si scopre una polpa eccezionale, fatta di tante piccole sfere, che fa venire in mente il caviale. Un'altra tipologia interessante è la Mano di Buddha, un cedro asiatico dalla forma stranissima (sembra proprio una mano, o un piccolo polpo coi tentacoli), perfetto da fare candito o da usare a crudo su insalate e dolci. E poi c'è lo yuzu, un limone tondo e un po' schiacciato molto usato nella cucina giapponese; forse non molto ricco di succo ma con una bella dolcezza e un sapore meno pungente, più leggero.
E naturalmente non dobbiamo trascurare il cedro che è un prodotto bellissimo, molto diffuso nel Mediterraneo, con un colore e un profumo meravigliosi. Pur essendo povero di succo, ha una grande versatilità, specialmente nella parte bianca sotto alla buccia che è incredibilmente spessa. Normalmente negli agrumi questa componente del frutto è molto amara, nel cedro lo è molto meno e si presta bene a essere usata in cottura all'interno di preparazioni dolci e anche salate.

Quello che mi piace così tanto del limone è la sua ricchezza di sfumature e di consistenze, per cui si può usare la polpa, morbida e piena di vitamine, ma anche il succo, che è ottimo per marinare e cuocere gli alimenti, per stabilizzare ed emulsionare le salse, o ancora per condire e acidulare i liquidi, bloccando le ossidazioni della frutta e degli ortaggi. E poi ci sono le scorze, che sono la parte più ricca di oli essenziali, e che per me rimangono una base molto interessante, che si può valorizzare in tanti modi. Se le cuocete in acqua, le sbianchite tre volte, poi le candite (facendole cuocere in uno sciroppo fatto con una parte di acqua e una di zucchero) e le lasciate asciugare e poi ricoprite di cioccolato, avrete le famose scorzette. Oppure le essiccate in forno prima e le frullate poi, in modo da ottenere una polvere fantastica. O ancora, tagliate il limone a fettine sottili e disidratate le fette fino ad avere delle chips trasparenti e croccanti, fantastiche.

In questa sezione troverete sette piatti, in cui il limone attraversa un intero menu, dall'antipasto alla piccola pasticceria. Sarà uno sciroppo ridotto con lo zucchero di canna nell'*Insalata di finocchi* (p. 96), da pennellare sullo scampo appena cotto per dargli quel tocco in più. Per questa preparazione rende bene il femminello siciliano, un limone invernale che matura dopo l'estate e sviluppa una polpa molto succosa. Nel *Limone salato* (p. 100) al contrario perderà i liquidi e si asciugherà, ma resterà morbido e acquisterà un sale che gli permetterà di conservarsi per essere aggiunto ad altre preparazioni, come nel *Riso mantecato con vongole, alghe e limone salato* (p. 102). In partenza, allora, giocheremo su un prodotto aromatico come lo sfusato di Amalfi. L'accostamento col sale, che per me è unico, torna anche nella *Panna cotta ai capperi* (p. 109), mentre nel *Sorbetto di limone arrostito* (p. 112) i limoni primofiore siciliani sono fatti cuocere in padella con lo zucchero, tanto che il piatto conserva alla fine questo sapore leggermente abbrustolito. Nello *Stinco di vitello* (p. 105) le parti dell'agrume ci servono a dare profumo e ad arricchire la cottura della carne, per cui sfrutteremo tutto l'aroma dei limoni di Sorrento. E per finire abbiamo le *Gelatine* (p. 115), che sono un po' un classico, una di quelle cose golose che ricordano l'infanzia, e che verrebbe voglia di mangiare a volontà.

Il mio consiglio, però, dopo averlo sperimentato in tutte le varianti, è di provarlo in purezza. Vi servirà una materia prima freschissima, ma il risultato sarà eccezionale. Perché uno dei ricordi più belli che ho è un'insalata di limoni mangiata a Procida qualche tempo fa, un piatto incredibile, di sicuro reso memorabile dagli agrumi del posto, che sono pieni di sole, fantastici. Se avete la fortuna di trovarli, usate tutto tranne la buccia, perciò pelateli e tagliate a cubi grossi la polpa (compresa la parte bianca), raccogliendola in un piatto o in un'insalatiera. Aggiungete del cipollotto o della cipolla bianca fresca, sempre tagliata a cubetti, poi condite con olio, sale e un pizzico di peperoncino. Mangiate subito, e se desiderate rendere la vostra insalata ancora più speciale, potete recuperare le scorze e aggiungerle nel piatto facendole prima bollire tre volte e per tre volte lasciandole raffreddare.

È una preparazione di una semplicità estrema, ma è anche un esempio che ci aiuta a dare un senso diverso al frutto. Ed è un ritorno alle origini, lì dove il gusto unico del limone comincia.

INSALATA DI FINOCCHI, SCAMPI AL LIMONE E ARANCIA FRESCA

La riuscita di questo piatto, che quasi non è cucinato, si gioca sulla qualità della materia prima e su pochi accorgimenti alla portata di tutti. Per cominciare, accertatevi che finocchi e arance siano freschissimi. Se sono buoni, si compenseranno alla perfezione: tanto aromatici, croccanti e freschi saranno i primi, tanto dolci, morbide e lievemente acide dovranno essere le seconde. Poi dosate il limone con attenzione a fine cottura. Lo sciroppo che si prepara con questo agrume è infatti un piccolo tocco che serve a esaltare il sapore degli scampi, ma non deve coprirlo. E infine non esagerate con la cottura dei crostacei. Se siete incerti, tenetevi sempre un po' più indietro di quanto vorreste; così facendo le code di scampo manterranno una consistenza perfetta e risulteranno morbide, succulente, piene di sapore.

INGREDIENTI PER 4 PERSONE

200 g di succo di limone filtrato • 50 g di zucchero di canna • 12 code di scampi • 2 finocchi freschi • 2 arance fresche • 1 rametto di aneto • olio extravergine di oliva • sale • pepe bianco

PREPARAZIONE E COTTURA: 30 MINUTI

In una pentola raccogliete il succo di limone e lo zucchero di canna. Portate a bollore e cuocete a fuoco dolce, lasciando ridurre la preparazione ed eliminando a mano a mano la parte

di schiuma più chiara che andrà formandosi in superficie. Tenete presente che il liquido dovrà ridursi di circa un terzo. Se avete dei dubbi su dove fermarvi, fate la prova: lasciate cadere qualche goccia in un piatto, attendete un istante e verificate la consistenza; lo sciroppo sarà ridotto correttamente quando risulterà denso e mieloso, ma con una consistenza sempre fluida.
Cuocete a vapore le code di scampi (in alternativa, arrostitele in padella appoggiandole sul carapace) ricordandovi di lasciarle morbide. Mondate i finocchi, tagliateli a metà e con l'aiuto di una mandolina affettateli sottilmente partendo dal centro. Trasferiteli in una bastardella con acqua e ghiaccio, in modo da renderli croccanti e voluminosi (non teneteli troppo a lungo, però, altrimenti perderanno sapore).

Pelate un'arancia eliminando la parte bianca sotto la buccia e ottenendo degli spicchi a vivo. Con il succo dell'altra arancia create un'emulsione che vi farà da condimento, aggiungendovi sale, pepe e un po' di olio.

Disponete i finocchi croccanti nel piatto di portata, insieme a qualche fetta di arancia, alle code di scampi cotte e pennellate con lo sciroppo di limone, come se le voleste glassare. Condite con la citronette a base di succo di arancia e finite con aneto a piacere.

LA BARBA DEI FINOCCHI

Nel finale usiamo l'aneto per completare il piatto; di quest'erba aromatica vanno usate le cimette, che sono sempre molto buone. Ma se non ne avete in casa, potete metterci la barba dei finocchi (sempre da spezzettare a mano), che ha un sapore molto simile. Spesso la barba finisce insieme agli scarti e poi viene buttata, ma ingiustamente, perché è un concentrato incredibile di gusto. Oltre che nelle insalate si può tritare e mettere nelle zuppe, oppure su un piatto di fagioli brasati. Vedrete che ci starà molto bene.

LIMONE SALATO

Il limone salato è una preparazione base che può tornare utile in tante situazioni, per completare alcuni piatti e dargli quel tocco in più. Una volta fatto e messo in un vaso di vetro dura molto, quindi si può tenere da parte per quando ce n'è bisogno. E poi si possono usare le bucce, che hanno consistenza ferma e vanno bene con la carne, con il pesce e magari anche con una pasta, oppure la polpa, che tende a disfarsi in cottura, e in alcuni casi è proprio la ciliegina sulla torta.

INGREDIENTI PER 4 PERSONE

3 limoni sfusati di Amalfi non trattati • 50 g di sale grosso • 200 g di zucchero semolato • 250 g di acqua

PREPARAZIONE E COTTURA: 30 MINUTI

Preparate uno sciroppo facendo bollire per un paio di minuti l'acqua insieme a 125 g di zucchero, quindi togliete dal fuoco e lasciate raffreddare. Dopo aver lavato i limoni, incideteli a croce, partendo dalla calotta opposta al gambo, avendo cura di non tagliar via le falde, ma di lasciarle attaccate alla base.
Miscelate il sale grosso con i 75 g di zucchero rimasti e massaggiate i limoni con questa mistura, in modo da farcirli. Chiudeteli in un sacchetto per il sottovuoto insieme allo sciroppo oppure riponeteli in un vaso di vetro a chiusura ermetica e cuoceteli per 2 ore in una pentola riempita di acqua calda a 65 °C (usate il termometro per essere precisi).
Conservate i limoni nei vasetti in luogo fresco, asciutto e al riparo dalla luce per una ventina di giorni prima di consumarli.

RISO MANTECATO CON VONGOLE, ALGHE E LIMONE SALATO

Una delle tante possibilità del limone salato è questo risotto con le vongole, una ricetta arricchita dalle alghe aggiunte a metà cottura, che portano quel sapore aromatico, leggermente umami, che va a combinarsi perfettamente con gli altri ingredienti. A seconda della varietà che sceglierete (noi abbiamo usato la misticanza, ma voi potete metterci quelle che preferite, la nori, la kombu, la wakame o l'alga rossa) avrete anche un colore diverso. E poi il tocco del limone salato, soprattutto se usate anche la polpa (tagliata a pezzettini e aggiunta al riso mentre cuoce), vi darà quella nota più intensa e saporita che vi farà chiudere il piatto in freschezza.

INGREDIENTI PER 4 PERSONE

1 spicchio di aglio • 1 rametto di prezzemolo • 1 kg di vongole veraci • 1 scalogno • 300 g di riso Carnaroli • 50 g di vino bianco secco per le vongole + 30 g per il risotto • 25 g di misticanza di alghe secche • 40 g di scorza di limone salato a dadini • 25 g di burro • 20 g di Parmigiano Reggiano grattugiato • olio extravergine di oliva • sale • pepe bianco

PREPARAZIONE E COTTURA: 40 MINUTI

Scaldate in un tegame un cucchiaio di olio, unitevi l'aglio in camicia e il prezzemolo; aggiungete le vongole e dopo qualche

istante versate anche il vino. Coprite con il coperchio, alzate la fiamma e lasciate andare a fuoco vivace per 2-3 minuti, finché le vongole non si saranno aperte. Privatele dei gusci e tenete da parte i frutti insieme al loro liquido di cottura, che avrete avuto modo di filtrare con cura nel frattempo.
In un altro tegame scaldate ancora un cucchiaio di olio e fatevi appassire lo scalogno tagliato fine, mettete il riso, tostatelo, sfumate con il vino bianco e iniziate la cottura del risotto unendo via via dell'acqua bollente. A metà cottura circa aggiungete le alghe reidratate e battute leggermente al coltello, insieme al liquido di cottura delle vongole. Quando il riso sarà pronto, completatelo con le vongole, mantecate con il burro e il Parmigiano Reggiano come per un risotto tradizionale e aggiungete una macinata di pepe. Finite il piatto con pezzettini di scorza limone salato sopra il risotto.

PER UNA MINORE ACIDITÀ DEL *RISO MANTECATO*

Per aprire le vongole si usa sempre un goccio di vino bianco. In questa ricetta il vino viene sfruttato prima per preparare i frutti di mare e poi per sfumare il riso. Il risultato è un risotto dall'acidità abbastanza importante, che a qualcuno potrebbe risultare eccessiva. Quindi per chi desiderasse un effetto più delicato, il mio consiglio è non usare il vino all'inizio. Il piatto sarà ugualmente saporito e profumato, con una nota acida un po' più scarica.

STINCO DI VITELLO AL LIMONE CANDITO, AGRETTI E PEPE VERDE

La prima cosa da dire è che lo stinco di vitello è una carne molto mista che necessita di una cottura lunghissima. L'altra cosa da tenere a mente è che bisognerebbe sempre cercare di valorizzarne al meglio la preparazione. A farlo arrosto rischia infatti di asciugarsi troppo, quando invece è brasato - come in questo caso - può ridursi un po' a un monosapore, risultando piatto all'assaggio. Per questo noi ci aiutiamo con la freschezza del limone e la nota aromatica del pepe verde, che servono a dare allo stinco un gusto più interessante. Ovviamente prima lo trattiamo in modo che i profumi penetrino bene al suo interno e poi lo cuociamo in forno, completandolo con gli agretti, che bilanciano molto bene la ricchezza della sua carne.

INGREDIENTI PER 4 PERSONE

4 limoni di Sorrento non trattati • 1 stinco di vitello di circa 2 kg • 15 g di pepe verde in grani • 50 g di burro • 100 g di vino bianco • 4 foglie di salvia • 2 foglie di alloro • 500 g di brodo vegetale • 4 mazzi di agretti • 1 spicchio di aglio • olio extra-vergine di oliva • sale

PREPARAZIONE E COTTURA: 3 ORE

Grattugiate la scorza di 3 limoni in una bacinella, unitevi il sale e il pepe verde e frizionate il condimento con le mani fino a sbriciolare il pepe. Mettete lo stinco su un tagliere, ungetelo con un filo di olio extravergine di oliva e cospargetelo con la mistura di sale e profumi, massaggiandolo energicamente. In una pentola capiente sciogliete il burro con un cucchiaio di olio e adagiatevi lo stinco, rosolandolo bene su tutti i lati. Sfumate con il vino bianco, aggiungete la salvia, l'alloro e il quarto limone tagliato a pezzetti, poi coprite lo stinco con il brodo fino a tre quarti dell'altezza, mettete il coperchio e cuocete in forno caldo per 2 ore e mezzo a 180 °C.

Quando la carne sarà cotta, prelevate lo stinco dalla pentola, filtrate il liquido di cottura e riducetelo fino a una consistenza ristretta, che vi consenta di glassare la carne.

A parte cuocete gli agretti in padella con un mestolo d'acqua dopo averli fatti rosolare bene con olio e uno spicchio di aglio in camicia.

In un vassoio di portata create un letto di agretti e ponete al centro lo stinco glassato con la sua salsa che risulterà lucido e invitante, bello da vedere e molto allettante da assaggiare.

LO STINCO PERFETTO

La cosa importante dello stinco è farselo preparare bene dal macellaio. Quando lo portate a casa deve assomigliare a un fungo, con l'osso ben pulito alla base; se riuscite, la parte alta va fatta tagliare in modo da risultare piatta (per farlo, il macellaio lavora con la sega o con l'accetta). Una volta che avrete cotto la carne, potrete anche assaggiare il midollo, all'interno dell'osso, che è un boccone prelibatissimo, la ciliegina sulla torta. Ma per fare questo, chiedete sempre al macellaio di tagliare l'osso alla base. Per estrarre il midollo, in genere si batte l'osso poi ci si aiuta con un cucchiaino per tirarne fuori il più possibile. Per quanto riguarda le ossa, è importante che siano ben curate perché sono la parte su cui, una volta in tavola, si appoggiano le mani per affettare lo stinco. Pensate che oggi si mostrano con molta disinvoltura, mentre una volta in cucina non si facevano mai vedere volentieri, soprattutto nei punti in cui erano tagliate. Per questo c'era l'usanza di porre dei cappellini di carta detti *papillotes*, che le coprivano nei punti meno belli. E spesso servivano anche ad appoggiare le mani durante il servizio, evitando il contatto diretto con l'osso.

PANNA COTTA AI CAPPERI E GELATINA DI LIME E LIMONE

La panna cotta è un dolce da casa, molto popolare e facile da fare. Qui abbiamo cercato di darle un tocco originale grazie ai capperi salati. Quelli di Pantelleria a me piacciono tantissimo: sono piccoli e pieni di gusto, raccolti a mano e conservati sotto sale, un sale marino che esalta il loro sapore e le loro proprietà. Al momento di portare in tavola il vostro dessert, potete decorarlo con qualche cappero, oppure - versione più tradizionale - abbinargli della frutta fresca. Terza possibilità: se volete fare i fenomeni, servitelo con un gambo di rabarbaro che gli darà una nota di colore molto vivace. Mi raccomando, però: questa pianta ha un sapore intenso, quindi non esagerate... due pezzetti a persona saranno sufficienti.

INGREDIENTI PER 4 PERSONE

2 fogli di colla di pesce • 250 g di latte • 250 g di panna fresca • 95 g di zucchero semolato • 8 g di capperi sotto sale di Pantelleria (dissalati) • 100 g di acqua • 100 g di succo di lime e limone (in parti uguali) • scorza grattugiata di 2 limoni

PREPARAZIONE E COTTURA: 20 MINUTI + RAFFREDDAMENTO

Reidratate un foglio e mezzo di colla di pesce in abbondante acqua fredda. Nel frattempo portate a bollore il latte in una pentola, aggiungete la panna, 45 g di zucchero e i capperi, dopodiché togliete dal fuoco e frullate con un frullatore a immersione unendo la colla di pesce scolata e strizzata. Filtrate

con cura e colate in quattro contenitori monoporzione (coppe, bicchieri, tazzine ecc.). Mettete in frigorifero finché il composto non sarà completamente raffreddato e gelificato.
In una pentola fate bollire l'acqua con quello che rimane dello zucchero (50 g), aggiungete mezzo foglio di colla di pesce reidratato, poi unite il succo di lime e limone insieme alla scorza grattugiata dei limoni. Versate uno strato leggero di questa gelatina (dovrà essere alto circa 2 mm) nei contenitori che avrete tirato fuori dal frigo, sopra alla panna cotta. Riportate tutto in frigorifero, lasciate riposare finché la gelatina non sarà ben formata e servite freddo.

SORBETTO DI LIMONE ARROSTITO

Questo è un sorbetto al limone che ha fatto Luca [Sacchi, chef del Ristorante Cracco] ed è davvero unico per la sua consistenza e per la sua ricchezza di gusto. Dentro ci sono i limoni primofiore (che sono particolarmente succosi e rendono benissimo quando sono spremuti) e il succo di lime fresco, che porta un'acidità più marcata. Completa il piatto la stecca di lemongrass, che dà alla preparazione un tocco incredibile. Il lemongrass è un'erba che si usa tantissimo nella cucina asiatica; forse il nome non vi dirà granché, ma se la chiamassimo "citronella" sono sicuro che vi si accenderebbe una lampadina in testa. Zanzare a parte, provatela, perché in cucina è un prodotto fantastico.

INGREDIENTI PER 4 PERSONE

1 l di acqua • 400 g di zucchero di canna • 1 stecca di lemongrass • 100 g di succo di lime • 50 g di vino bianco secco • 6 limoni primofiore di Sicilia

PREPARAZIONE E COTTURA: 40 MINUTI + PASSAGGIO NELLA SORBETTIERA

Preparate uno sciroppo facendo bollire 800 g di acqua con 100 g di zucchero di canna e il lemongrass tagliato a pezzetti. Aspettate che il liquido si raffreddi e poi aggiungete il succo di lime e il vino bianco.

Lavate i limoni, tagliateli a metà e affettate ciascuna metà alla

base, in modo da ottenere delle calotte piatte in cima. Impanate i limoni dalla parte della polpa passandoli nello zucchero di canna rimasto e metteteli poi in una padella antiaderente molto calda per far caramellare lo zucchero. Sciogliete il caramello o, come diremmo noi, "spegnete" versando 200 g di acqua fredda e tenete tutto sul fuoco lasciando che il caramello rappreso fonda delicatamente. Quando il liquido sarà ben sciolto, filtrate. Spremete i limoni nello schiacciapatate, recuperando il succo, e unite tutti i liquidi allo sciroppo che avete preparato all'inizio, mescolando bene. Filtrate e trasferite in una sorbettiera.

Quando il sorbetto sarà pronto, distribuitelo nei contenitori che più vi piacciono. Potete servirlo a fine pasto, ma anche all'inizio o, ancora, come cocktail. Se lo proponete come dessert e volete dargli una nota golosa in più, aggiungete della panna montata e avrete una combinazione fantastica: tiepida la panna, freddo il sorbetto; grassa la prima, magro e leggermente astringente il secondo.

GELATINE AL LIMONE, LIQUIRIZIA E CIOCCOLATO

Per fare a casa delle buone gelatine il procedimento non è semplicissimo. Il mio consiglio è di procurarvi un caramellometro a sonda, un termometro specifico per lo zucchero fuso, che vi servirà a essere il più precisi possibile. In questa preparazione è fondamentale che la temperatura non vi scappi di mano, o lo zucchero facilmente cristallizzerà costringendovi a buttare lo sciroppo. Un'altra cosa importante (e tutt'altro che scontata) è la consistenza della gelatina, che dev'essere ferma quando si prende in mano, ma morbida nel momento in cui arriva in bocca. Dovrebbe proprio aprirsi contro il palato, e trasformarsi in una polpa magnifica con un tocco morbido, vellutato. Se fate un buon lavoro, avrete proprio questo contrasto riuscito sotto i denti: da un lato la copertura di cioccolato, sottile e croccante, che si spezzerà con un piccolo "croc!", dall'altra parte l'anima di gelatina, che si scioglierà sotto la lingua in maniera irresistibile.

INGREDIENTI PER 4 PERSONE

Per l'acqua di mele: 125 g di mela verde a pezzi, privata del torsolo • 125 g di acqua. *Per le gelatine*: 125 g di acqua di mele • 250 g di succo di limone filtrato • 275 g di zucchero semolato • 150 g di sciroppo di glucosio • 1 g di liquirizia spezzata (caramella ottenuta con estratto naturale di liquirizia, di colore nero) • 8 g di pectina • 12 g di succo di limone • 250 g di cioccolato fondente al 70%

PREPARAZIONE E COTTURA: 2 ORE + RAFFREDDAMENTO

Cominciate preparando l'acqua di mele, per cui raccogliete in un contenitore di vetro la mela verde e l'acqua, che cuocerete nel microonde a potenza medio-alta finché la mela non sarà stracotta, ma ancora integra. Filtrate, senza schiacciare la mela, e recuperate 125 g di succo, trasferitelo in una pentola capiente, unite il succo di limone filtrato, 250 g di zucchero, lo sciroppo di glucosio e la liquirizia spezzata. Portate a bollore e quando avrete raggiunto una temperatura di 104 °C (aiutatevi con il famoso caramellometro, per non sbagliare) unitevi i rimanenti 25 g di zucchero miscelati con la pectina. A questo punto riportate a 104 °C, unite il succo di limone e riportate la temperatura a 104 °C.

Togliete il liquido dal fuoco e colatelo in una tortiera rettangolare foderata con un foglio di acetato o di carta forno, quindi lasciate riposare per 12 ore a una temperatura di circa 10-14 °C. Poi mettete in frigorifero fino a completa gelificazione.

Con un coltello tagliate delle gelatine rettangolari o quadrate. Sciogliete a bagnomaria il cioccolato fondente all'interno di un contenitore concavo, come una bastardella. Quando sarà completamente fuso, prendete una forchetta da cioccolato, infilate i rebbi nelle gelatine e immergetele nel cioccolato con un movimento dal basso verso l'alto in modo da ricoprirle in maniera omogenea. Battetele con delicatezza sul bordo per eliminare l'eccesso di cioccolato e mettetele su un foglio di carta forno. Tenete in frigorifero per il tempo necessario a far rapprendere il cioccolato. In alternativa, anziché finirle con il cioccolato, potete impanarle nello zucchero cristallino, che avrete aromatizzato con una leggera grattugiata di radice di liquirizia.

CECI

I ceci sono un ingrediente fantastico. Rientrano nella grande famiglia dei legumi, di cui rappresentano probabilmente una delle varietà più famose.

Per diffusione e consumo vengono subito dopo la soia e i fagioli, ma rispetto a questi, che anche sono buoni, i ceci sono più delicati, hanno un'anima meno terrosa e una consistenza che li rende irresistibili. È un giudizio un po' di parte, lo so, perché sono una delle cose che amo di più, e se potessi vivrei di quelli. Ovviamente rispetto al frumento e ai cereali (che da noi la fanno un po' da padroni) sono meno diffusi, ma rimangono un'espressione molto personale del territorio, il frutto di tante piccole economie contadine, frugali e certo non ricche, che però conservano dei tesori fantastici. Li troviamo soprattutto al Centro, al Sud e nelle isole, dove il clima è più asciutto e risponde bene alle caratteristiche della pianta. Se volessimo essere più precisi, potremmo partire dall'Appennino ligure, con il cece di Merella, per incontrare a mano a mano che scendiamo i ceci di Grosseto, i ceci del Lazio (detti "dal solco dritto"), quelli di Navelli in Abruzzo e di Cicerale nel Cilento, solo per dirne alcuni. La Puglia con le Murge ci offre delle belle varietà dal colore nero; in Sicilia ne abbiamo altre ancora, a seme piccolo, straordinarie. Ne risulta un mosaico di specialità locali, che appartengono a una storia molto antica: nel Mediterraneo erano usati già dagli Egizi che li offrivano agli schiavi, per il loro potere energetico e saziante. Poi sono arrivati gli Etruschi e i Romani, che li sfruttavano per preparare delle polentine o degli impasti cotti al forno. La torta di ceci, forse una lontana parente della farinata, si mangiava nella Roma dei gladiatori ed era un cibo molto amato. Quello che mi colpisce è che si tratta di una materia prima molto antica ma con delle forti note di modernità. Se ci pensate, è una proteina vegetale dalle proprietà fantastiche: ricca, saporita, abbastanza calorica, che non contiene glutine ed è perfetta anche per i celiaci. La pianta, poi, è incredibile, non ha esigenze particolari, ama il caldo e si adatta facilmente a terreni asciutti, leggeri, poco concimati, aridi addirittura. Non ha bisogno di fertilizzanti e, come altri legumi, rinnova la terra, preparandola per altre coltivazioni. Rappresenta quindi una possibilità interessante di agricoltura sostenibile, una chiave di lettura per il futuro.

Dovrò sempre dire grazie a Fulvio Pierangelini, il primo che mi ha fatto scoprire le potenzialità di questa materia prima attraverso un piatto straordinario come la passatina di ceci. Di sicuro il cece per lui è stato come l'uovo per me: una firma. E la *Passatina*, il suo *signature dish*. Dietro a quel piatto, che è stato un po' un simbolo della cucina a cavallo degli anni Novanta, ho avuto l'opportunità di scoprire un mondo incredibile, fatto di attenzione, cultura, sensibilità. Tutte cose legate non solo alla materia prima, ma anche al modo di essere di Fulvio. Anche se il tempo è passato, i ceci per me continuano a essere un must. Perché c'è sempre qualcosa da fare (e da scoprire) per valorizzarli. Possono sembrare poveri, insulsi, tu li vedi secchi e non hanno colore né freschezza. Sembra che abbiano da dire poco o niente. Poi li metti a bagno e comincia la trasformazione. È quasi una magia vedere come da duro, rugoso e quasi insignificante, il cece diventi morbido e setoso, con una consistenza vellutata, da impazzire. Poi li cuoci e di nuovo cambiano. Allora li usi in farina, aggiungi acqua e poi informi: il risultato sarà un piatto con una consistenza unica, a cui mancano giusto un po' di sale e un filo d'olio per essere perfetto. In alternativa al forno, questo stesso composto si può friggere, come facciamo nella *Farinata e/o panissa*, a pagina 124. I ceci lessati si possono schiacciare e insaporire: ne verrà fuori un hummus fantastico. Li lasci gonfiare in acqua, ma poi li passi nel forno e hai uno snack con una consistenza pazzesca (sono i nostri *Ceci croccanti*, p. 134). Se vuoi essere più tradizionale, prepari una *Zuppa*, che è il modo più antico per servirli. E magari ci metti insieme le cicale di mare, vedi a pagina 130. I ceci, in fondo, rappresentano proprio questo: grandi trasformazioni, grande versatilità e grandi abbinamenti, perché stanno benissimo con la carne, con il pesce, con le verdure, ma si possono accostare anche a qualcosa di diverso, come le nespole appena cotte, che abbiamo usato nella nostra *Insalata* (p. 138). O con la mortadella a cubi, come a pagina 127, dove, se si parla di *Passatina*, il riferimento va sempre a Fulvio.

Le combinazioni sono molto ricche, e queste ricette sono solo un punto di partenza, un invito a scoprire tutte le possibilità e le tante sfumature di questo ingrediente, che non è mai una cosa sola, ma un piccolo mondo di varietà e tipologie. Di ceci, infatti, ne esistono piccoli e grandi, dalla buccia sottile, spessa, liscia e grinzosa; e ancora neri, rossi, chiari. Il mio consiglio è usare quelli secchi, ma se provate a lavorare con quelli conservati, tenete da parte l'acqua di governo e provate a montarla nella planetaria con la frusta. Dopo un po', vedrete che il liquido, ricco di proteine, diventerà una meringa. Anche questa è una trasformazione, una piccola nota diversa per consistenza e sapore, perfetta per completare il vostro piatto, magari la vostra zuppa, dandole quel tocco in più, sotto il segno del cece.

FARINATA E/O PANISSA

La farinata è una ricetta tradizionale a base di farina di ceci che ho conosciuto per la prima volta a Milano, ma che ho imparato a fare bene quando sono andato a lavorare a Garlenda e poi a Montecarlo. Era la fine degli anni Ottanta e la farinata era al centro di una grandissima riscoperta anche all'interno dell'alta cucina, soprattutto per merito di Franck Cerutti, storico chef di Ducasse. Mi ricordo che proprio lui aveva cominciato a valorizzare questo cibo semplice, servendolo come antipasto e come accompagnamento ad alcuni piatti di pesce. Nella panissa che trovate qui si parte dalla base della farinata ma si varia leggermente il procedimento, per cui una volta cotto il composto viene colato in un contenitore, raffreddato, tagliato a bastoncini e poi fritto in olio bollente.

INGREDIENTI PER 4 PERSONE

210 g di farina di ceci • 8 g di sale fino • 750 g di acqua • 1 limone • 10 g di noci • 1 rametto di maggiorana • ½ cipolla rossa • olio di semi per friggere • olio extravergine di oliva • sale • pepe bianco

PREPARAZIONE E COTTURA: 40 MINUTI

In una pentola stemperate la farina di ceci e il sale con l'acqua, aggiungendola poco per volta e rimestando bene l'impasto con l'aiuto di una frusta. Portate sul fuoco e cuocete a fiamma media girando il composto con un cucchiaio di legno. Una volta

cotto e rappreso, dovrà staccarsi dalle pareti. A questo punto trasferitelo in un contenitore e lasciatelo raffreddare. Quando sarà freddo, tagliatelo con il coltello in modo da ricavare delle striscioline lunghe circa 7-8 cm per 1 cm di larghezza. Tagliate anche la parte che rimane, in modo da ottenere dei cubetti di 2 cm di lato. Conditeli con olio, pepe, gocce di limone, unite le noci rotte a pezzetti, le foglioline di maggiorana e qualche anello di cipolla rossa.
Prendete le striscioline di panissa e friggetele in olio di semi ben caldo (se volete essere precisi, potete usare un termometro a sonda per controllare che l'olio raggiunga i 180 °C). Immergetevi le striscioline e friggetele finché non saranno dorate e croccanti. Passatele su un foglio di carta assorbente per liberarle dell'eventuale olio in eccesso, quindi servite i cubetti conditi insieme alle striscioline di panissa calde e fragranti.

PASSATINA DI CECI

Questo è un primo piatto ricco, goloso, in cui si parte da una base abbastanza magra (una crema di ceci) e si va poi ad arricchirla con la mortadella rosolata, che è fantastica se servita appena fatta, cercando di cogliere l'attimo in cui la parte grassa del salume comincia a sudare e ad ammorbidirsi. Se volete una versione vegetariana, provate a mettere al posto della mortadella dei peperoni cruschi, che vi daranno una consistenza più croccante. Oppure prendete dei peperoni friggitelli appena ripassati, che portano nel piatto una nota aromatica molto bella, leggermente più dolce rispetto al peperone comune.

INGREDIENTI PER 4 PERSONE

300 g di ceci secchi • 2 spicchi di aglio • 1 rametto di rosmarino • 3 cucchiai di olio extravergine di oliva • 200 g di mortadella • sale • pepe nero

PREPARAZIONE E COTTURA: 2 ORE + AMMOLLO

Lasciate i ceci a bagno per 12 ore. Scolateli e fateli bollire in abbondante acqua salata. Quando saranno cotti, scolateli ma conservate un bicchiere della loro acqua di cottura. Passate i ceci prima al passaverdura, poi al setaccio fine. Una volta ottenuta una purea liscia e morbida, se necessario potete diluirla con l'acqua di cottura.

In un tegame rosolate dolcemente nell'olio extravergine uno spicchio di aglio e il rosmarino, fateli andare il tempo necessario per insaporire l'olio, poi toglieteli e unite la crema di

ceci. Lasciate cuocere per qualche minuto, quindi regolate di sale e pepe.
Prendete la mortadella e tagliatela a cubetti di 2 cm di lato. Rosolateli su tutti i lati in una padella antiaderente ben calda.
In una fondina versate la passatina di ceci, distribuitevi la mortadella e terminate con qualche goccia di olio extravergine di oliva e un'abbondante macinata di pepe nero.

IL SEGRETO DELLA *PASSATINA DI CECI*

Per avere una passatina perfetta, il segreto è la consistenza che dev'essere finissima, setosa. Più è sottile e meno si percepisce la buccia del cece, meglio è. È una questione di palatabilità che però in bocca fa la differenza. Ricordatevi sempre che nella preparazione potete aggiungere un po' di acqua di cottura o di olio con cui montare la vostra passatina; in questo caso sceglete un olio corposo come quello toscano. Se poi volete un'alternativa vegana a questa ricetta, sostituite alla mortadella del tofu già pronto. Asciugatelo, tagliatelo a cubi piccoli, perfettamente regolari, e appoggiateli sopra alla passatina bollente che lo riscalderà rendendolo molto piacevole all'assaggio.

ZUPPA DI CECI E CICALE DI MARE

È forse una delle varietà di crostacei con più problemi di identità, perché porto che vai nome che trovi. In italiano viene chiamata cicala di mare o canocchia, in Veneto e nell'alto Adriatico è canocia, in Liguria balestrin o sigà de mà, nel basso Tirreno sparnocchia. È anche un animale un po' strano; se uno non ha molta familiarità con la pesca (o la pescheria), a vederlo lì, con il carapace grigio-bianco, la coda a ventaglio, le chele e le antenne, potrebbe esserne un po' impressionato. In realtà la cicala di mare è fantastica, si usa tantissimo nei sughi o nelle zuppe per dare loro un sapore unico, dolce ma anche fresco. In questo piatto partiamo da una materia prima appena pescata, rosoliamo velocemente le cicale in padella e le serviamo così, in purezza, abbinate a una fantastica zuppa di ceci.

INGREDIENTI PER 4 PERSONE

200 g di ceci • 12 cicale di mare o canocchie • 1 spicchio di aglio • 1 rametto di rosmarino • 1 cucchiaio di passata di pomodoro • 20 g di olio extravergine di oliva per le rosolature + 15 g per la crema • origano fresco • sale

PREPARAZIONE E COTTURA: 3 ORE + AMMOLLO

Come prima cosa, almeno mezza giornata prima mettete i ceci a bagno in abbondante acqua fredda. Tenete conto che dovranno restare in ammollo per 12 ore, poi andranno scolati e

sciacquati. Le cicale di mare si preparano invece al momento, quindi scaldate in una padella 10 g di olio, unitevi i crostacei, fateli rosolare bene e bagnateli con mezzo bicchiere di acqua. Poi mettete il coperchio e alzate la fiamma. Cuocete per 3-4 minuti, dopodiché togliete le cicale dalla pentola e apritele sui lati aiutandovi con un paio di forbici. Con delicatezza dovrete aprire in due il carapace, estraendo il corpo senza romperlo. Tenete da parte. Riaccendete il fuoco e fate restringere il loro liquido di cottura, tenendo conto che dovrà ridursi della metà. Lessate i ceci a fuoco basso in una pentola riempita con acqua fredda, avendo cura di eliminare la schiuma che affiorerà a inizio cottura. Perché siano cotti, ci vorranno 2 ore e mezzo circa. Una volta pronti, raccoglietene un terzo circa nel bicchiere del frullatore e riduceteli in crema, emulsionando con 15 g di olio. In un tegame rosolate l'aglio e il rosmarino in 10 g di olio, unitevi la passata di pomodoro, il liquido di cottura delle cicale ristretto, la passata di ceci e, naturalmente, i ceci interi. Portate tutto a bollore e fate cuocere insieme per 5 minuti.
Se è stagione, e se riuscite a trovarli, perché non sono facilissimi da reperire, potete integrare il piatto con dei ceci freschi a crudo. Conditi così, solo con un goccio di olio e sale, daranno un tocco unico al piatto. Regolate di sale e servite in una fondina terminando con le cicale di mare, un filo di olio extravergine e qualche fogliolina di origano fresco.

SCEGLIERE LE CICALE DI MARE

Le cicale di mare in genere hanno una resa molto bassa. A volte capita di comprarle, di cuocerle e di scoprire che molte sono vuote. Spesso va così anche con gli scampi, che si acquistano e sembra sempre di averne tanti, ma poi si rimane spesso con poca roba in mano. Diciamo che più sono fresche, più avete la possibilità di trovare le vostre cicale piene e polpose. L'ideale sarebbe prenderle in pescheria ancora vive. Se poi nel pulirle doveste trovare la parte arancione di corallo, tenetela: contiene le uova e ha un sapore molto caratteristico. Anche perché, se la scartate, rischiate di restare davvero con pochissimo prodotto...

CECI CROCCANTI ALLA SOIA E ROSMARINO

In cucina esistono i cavalli di battaglia e i cavalli di Troia. Sui primi credo non ci siano dubbi: sono i piatti che vi riescono meglio, quelli in cui vi sentite più sicuri, perché quando li preparate vi fanno fare centro, e con loro conquistate anche molti punti. I cavalli di Troia sono invece dei piccoli trucchi, degli stratagemmi per trasformare un ingrediente o una preparazione in qualcosa di diverso, di nuovo. In questa categoria rientrano i nostri ceci croccanti, che possono essere un modo per far mangiare i legumi ai bambini... e non solo a loro. Li si propone in una maniera insolita, accattivante, e il fatto di averli un po' salati, con quel profumo di rosmarino che è davvero invitante, aiuta - se necessario - a dimenticare che si tratta di verdura.

INGREDIENTI PER 4 PERSONE

200 g di ceci secchi • 2 cucchiai di olio extravergine di oliva • 1 rametto di rosmarino • 3 cucchiai di salsa di soia • 1 spicchio di aglio • 1 foglia di alloro • sale • pepe bianco

PREPARAZIONE E COTTURA: 40 MINUTI + AMMOLLO

Prendete i ceci e metteteli in ammollo per 24 ore, poi sciacquateli e scolateli. Se vi state chiedendo come mai qui abbiamo un tempo di ammollo più lungo, tenete presente che, rispetto alle altre ricette, abbiamo bisogno di fare una cottura molto rapida, perché i ceci vanno tostati in forno, quindi tanto più

morbidi saranno all'inizio, migliore sarà il risultato poi. Regolatevi di conseguenza sui tempi.

Fate cuocere i ceci in acqua bollente leggermente salata finché non sono pronti, cioè morbidi ma non sfatti, scolateli, lasciateli raffreddare e raccoglieteli in una bacinella di acciaio. Conditeli con la salsa di soia, un po' di olio extravergine, un rametto di rosmarino e l'aglio schiacciato.

Trasferiteli in una teglia da forno, allargateli bene (fate in modo che non siano troppo vicini, o si attaccheranno durante la cottura), quindi tostateli in forno caldo a 185 °C, finché non saranno ben dorati e croccanti. Toglieteli dal forno, aggiungete una bella macinata di pepe bianco e lasciateli raffreddare.

I ceci croccanti si possono servire come aperitivo o come stuzzichino e sono fantastici, uno tira l'altro finché non sono finiti. In alternativa metteteli sopra a una passatina, per variarne la consistenza: aggiungeranno una nota croccante a un piatto morbido, setoso e avvolgente creando un contrasto perfetto.

UNA VARIANTE PER I *CECI CROCCANTI*

Se volete dare al vostro piatto una svolta diversa, prendete un buon aceto balsamico e sostituitelo alla salsa di soia nel condimento iniziale. A questo punto, fate la prova e vedete come il piatto cambia; un po' perderà la nota di sapidità che gli dà la soia, un po' però acquisterà in dolcezza e acidità. Per dirlo in altre parole, diventa meno *umami* e più *sour*, quella sensazione tra il dolce il salato e l'acido che piace moltissimo agli americani e va molto in tutto il mondo anglosassone. Se invece volete restare sulla versione base, ma desiderate rendere il piatto più completo, integrate ai ceci dei fagioli bianchi cannellini, delle cicerchie e delle lenticchie, seguite la ricetta e servite il vostro mix di legumi croccanti nei pirottini di carta da pasticceria.

INSALATA DI NESPOLE E PISTACCHI SALATI CON CROCCHETTE DI CECI E MORTADELLA

La partenza è la farina di ceci, che qui si usa per fare delle crocchette con la mortadella a cubetti piccoli. Le serviamo insieme alla nespola sbollentata. Ricordatevi che questo frutto fantastico, che è arrivato in Europa passando dalla porta dell'Oriente, rende bene quando è maturo, perché è molto più buono. Noi lo usiamo sbollentato, ma si può anche saltare in padella con un goccio di acqua, poco olio e una mezza foglia di salvia, avendo cura di non stracuocerlo, ma di ammorbidirlo appena. Le bucce non vanno buttate, ma si possono essiccare e aggiungere all'insalata per darle una consistenza diversa. Se i frutti non dovessero essere belli (qualche volta può capitare), è possibile rosolarli in padella e poi frullarli, legandoli giusto con un po' di patata e servendoli in purea anziché a pezzi.

INGREDIENTI PER 4 PERSONE

50 g di farina di ceci • 200 g di acqua • 5 g di olio extravergine di oliva • 50 g di mortadella a cubetti piccoli • 2 uova per impanare • 250 g di pangrattato per impanare • 25 g di pistacchi salati • 4 nespole • olio di semi di girasole • sale • pepe nero

PREPARAZIONE E COTTURA: 60 MINUTI

In una ciotola stemperate la farina di ceci nell'acqua, poi aggiungete il sale e l'olio, in modo da ricavare una pastella piuttosto morbida, quasi una polentina. Cuocete in padella per 20 minuti, quindi tenete da parte. Quando il composto sarà ben raffreddato, unite la mortadella e formate delle crocchette. Se volete qualcosa di diverso, potete sostituire la mortadella con la ricotta salata, seguendo lo stesso procedimento. Per la forma delle crocchette, scegliete quella che più vi piace: possono essere delle sfere, dei classici cilindri, oppure delle quenelle che otterrete lavorando il composto con l'aiuto di 2 cucchiai. Quando sono formate, mettetele in congelatore, in modo da raffreddare il composto e dargli consistenza. Tenetele lì per circa 15 minuti, quindi passatele nell'uovo sbattuto e poi nel pangrattato. Riponetele di nuovo in congelatore fino al momento di friggerle.

Nel frattempo pelate le nespole, tagliatele a quarti privandole dei semi e sbollentatele per un paio di minuti raffreddandole il più velocemente possibile (potete velocizzare le operazioni raccogliendole in una ciotola e sistemandola dentro a un contenitore più grande, riempito con ghiaccio). Durante questo passaggio tenetele sempre in acqua in modo che non diventino scure. Scolate le nespole, trasferitele in un'insalatiera, unite i pistacchi rotti e condite con sale, olio e una macinata di pepe. Distribuitele nei piatti e aggiungete all'ultimo le crocchette di ceci, che avrete fritto in olio di semi a 175-180 °C fino ad avere una bella doratura omogenea. Se il cuore dovesse risultare ancora freddo, passatele un paio di minuti in forno.

Se volete, potete completare l'insalata con una spolverizzata di zest di limone o con un tocco di gruè di cacao macinato, che dà una nota di amaro, perfetta con questi ingredienti.

DUE TRUCCHI PER LE *CROCCHETTE DI CECI*

Quando si fanno le crocchette, un classico è metterle in congelatore per poterle poi friggere meglio. Se infatti provate a cuocerne una appena fatta, soprattutto se la base è morbida, vi verrà fuori una "cosa" informe, inguardabile. Quindi cercate sempre di raffreddarle, in modo che il composto prenda consistenza e non si deformi. Per questo motivo il passaggio in congelatore è importantissimo. Un'altra cosa è che le crocchette sono buone quando sono servite calde, ma questo non vuol dire che le dovete per forza friggere e servire subito. Potete friggerle in anticipo, in modo da dare loro una bella crosticina croccante, e poi lasciarle riposare. Le scalderete in forno già caldo poco prima di servirle, portandole alla giusta temperatura. Questo vi servirà ad avere un po' di organizzazione in cucina, semplificandovi la vita e alleggerendovi un po' il lavoro.

LATTE

Il latte è l'ingrediente "buono" per eccellenza.

È la prima cosa che mangiamo, quando siamo così piccoli da non sapere nemmeno che cosa sia il gusto, e subito fissiamo un sapore fondamentale, una di quelle cose che ci portiamo dentro per tanto e tanto tempo, se non per sempre. I primi cibi che cominciamo ad amare sono proprio dolci, morbidi, confortevoli: apprezzarli è una cosa innata, perché in qualche modo ci riportano alla memoria quell'alimento fantastico, primordiale. Il latte poi è uno dei cibi che consumiamo in quantità industriale da piccoli e spesso abbandoniamo crescendo. Magari ci stanchiamo, o magari il nostro corpo dice stop, perché l'organismo si modifica e con l'età può perdere la capacità di assimilarlo. Certo, la cosa che dobbiamo sempre tenere a mente è che, essendo un derivato animale, rispecchia perfettamente le condizioni e il benessere di chi lo produce. E infatti il latte non è sempre uguale, le sue caratteristiche cambiano molto da stagione a stagione. In estate tende a essere meno carico e abbondante (le mucche, come noi, con il caldo rendono meno), in inverno è un po' più concentrato. Se poi prendiamo il Parmigiano Reggiano, che è una delle straordinarie trasformazioni a cui va incontro (uno di quei prodotti di cui in Italia andiamo più orgogliosi), lo capiamo ancora meglio. Di solito, infatti, se il Parmigiano è fatto con il latte invernale avrà un colore più chiaro e delicato; se è realizzato con quello estivo avrà una tonalità più gialla e intensa, in cui si riflette un nutrimento più ricco delle mucche, fatto di erba, fiori e piante. Naturalmente, essendo una base, se è buono in partenza, diventerà ancora meglio quando si trasformerà. Perché, lo sappiamo, dal latte si ricavano anche la panna, il burro, il formaggio, lo yogurt, il mascarpone. Immaginare di cucinare senza questi prodotti è quasi impossibile, almeno per noi. Da lì si parte per fare la besciamella, la panna acida, la crema pasticciera, ma anche la crema catalana, quella inglese e la crème brûlée. Il burro serve per preparare le due salse madri, quella olandese e quella bernese, ma naturalmente anche per condire, rosolare e friggere la carne, vedi la famosa Milanese. Se poi prendiamo la panna, la possiamo montare e diventerà una fantastica Chantilly, oppure la lasciamo così com'è, e sarà una base versatile per tanti accompagnamenti a pietanze dolci e salate, come nel *Petto di faraona in chaud-froid* (p. 148). Il latte ancora si usa per cuocere, per marinare. Se fate un salmone e vi diventa troppo salato, mettetelo nel latte per un quarto d'ora e perderà il sale. La stessa cosa vale per un rognone o per un'animella; quando si tratta di pulirli, il latte con la sua acidità aiuta a eliminare quelle note a volte un po' pungenti e a dare un sapore più equilibrato. Ovviamente nel latte si cuoce il baccalà, quello alla vicentina ma anche (con un procedimento diverso) quello mantecato, di cui vi proporremo una variante fatta con il *Nasello* (p. 152). E poi, lo si può sfruttare per ammorbidire il pane raffermo e preparare dei dolci di recupero come il *Michelacc* (p. 156), o per fare una crema dolce, rinfrescata dalla menta, come nella nostra *Millefoglie* (p. 162). In Italia abbiamo poi la tradizione meravigliosa del cappuccino, che viene bene quando il latte intero si fa montare fino a ottenere una schiuma eterea, ricca, fantastica. La ritrovate, un po' trasformata, a pagina 159, nella *Crema di latte al sambuco e fragoline di bosco*. All'estremo opposto in termini di consistenza c'è invece la pelle del latte, un'idea che abbiamo sviluppato al ristorante proprio a partire dalla pellicina che si forma sul latte quando si scalda, quella che da bambini non volevamo finisse mai nella nostra tazza. Io proprio non la sopportavo, perché si attaccava sempre sul fondo della pentola e poi, a casa, toccava a me pulirla con la paglietta e tanto olio di gomito. In realtà la pulizia del pentolino era l'ultimo step di una storia molto bella, che cominciava quando andavo in latteria, di solito in inverno, tra le quattro e le sei del pomeriggio, quando arrivava il latte della seconda mungitura. Spesso andavo da solo, ma qualche volta mi accompagnavano anche mio fratello e mia sorella. Prendevamo il contenitore di alluminio con il coperchio rotondo, e ci incamminavamo. La latteria sembrava tutto fuorché un negozio, perché era bianca dappertutto, con il finto marmo, e questo odore acidissimo nell'aria, quasi nauseante. Non si vendeva altro lì dentro, se non il latte. E allora noi facevamo riempire il nostro contenitore e poi lo portavamo a casa, dove mia mamma lo metteva subito sul fuoco, lo portava a bollore e poi spegneva, lasciandolo raffreddare. Mentre stava lì a riposo, in superficie affiorava la panna. Allora mia mamma la tirava

su con il colino, la metteva insieme e quando ne aveva raccolta un bel po', la frullava per trasformarla in burro. Modellava il panetto con le mani, separando la parte solida da quella acquosa, sistemava il burro nella carta oleata e lo riponeva in frigo.
L'indomani a colazione veniva il momento di bere il latte, allora lo facevamo scaldare, e di nuovo in superficie si formava la pellicina. Mi ricordo che non piaceva a nessuno, perché era molle e un po' appiccicosa, ma in realtà era una di quelle cose "incomprese", che è difficile capire, soprattutto se si è bambini, però resta un concentrato di gusto davvero unico.
Nel tempo quella pelle del latte mi è rimasta in mente, ho continuato a pensarci e alla fine al ristorante ne abbiamo tirato fuori una ricetta molto tecnica, che va a recuperare proprio il sapore profondo e primordiale del latte. Che è proprio una di quelle cose che non si scordano mai.

PETTO DI FARAONA IN CHAUD-FROID

Questo è un procedimento molto antico della cucina francese che prevede una salsa preparata a caldo per nappare una carne da servire a freddo. Io l'ho visto fare quando ero a Montecarlo, alla Salle Empire dell'Hôtel de Paris, cento e passa anni dopo che alla guida di quelle cucine mitiche aveva lavorato Auguste Escoffier. Parlare di lui, uno dei più grandi chef di tutti i tempi e il primo a codificare tante ricette classiche che ancora oggi usiamo (compreso lo chaud-froid), è un po' come citare l'Antico Testamento della cucina, cioè proprio le basi, i fondamenti "sacri" della gastronomia. Ma prima o poi, lo sapete, dopo l'Antico viene il Nuovo, così ora tocca a voi prendere questa versione dello chaud-froid e metterla a frutto nel migliore dei modi. Non prendetevi troppo sul serio, però, o potreste venir inceneriti dal dio dei fornelli...

INGREDIENTI PER 4 PERSONE

1 spicchio di aglio • 4 petti di faraona • 50 g di burro • 50 g di farina bianca • 330 g di brodo di pollo • 100 g di panna fresca • 1 foglio di colla di pesce • 2 carote • 8 chicchi di caffè interi • prezzemolo riccio • 1 manciata di piselli sbollentati • erba cipollina • olio extravergine di oliva • sale • pepe bianco

PREPARAZIONE E COTTURA: 90 MINUTI

In una padella scaldate un cucchiaio di olio con lo spicchio di aglio, quindi rosolatevi dolcemente i petti di faraona che avre-

te precedentemente salato e pepato. Passateli in forno caldo a 190 °C per 4 minuti, poi tirateli fuori dal forno e lasciateli riposare. In questo modo la carne sarà cotta ma tratterrà all'interno tutti i suoi succhi e risulterà molto morbida. Quando i petti saranno raffreddati, metteteli in frigorifero.
Sciogliete in un pentolino il burro, poi stemperatevi 30 g di farina, rimestando con un cucchiaio di legno, in modo da amalgamare gli ingredienti alla perfezione. Ponete il composto sul fuoco e fatelo andare per 3-4 minuti, quindi unitevi il brodo caldo in tre tempi. Lasciate andare rimestando bene fino a "lisciare" il composto, poi cuocetelo ancora per circa 4-5 minuti. A questo punto aggiungete la panna, portate a bollore e unite la colla di pesce reidratata. Spegnete il fuoco e lasciate raffreddare finché il tutto non si sarà completamente gelificato. Togliete dal frigo i petti di faraona e sistemateli su una griglia, quindi sciogliete il composto (che vi servirà per glassare la carne) portandolo a una temperatura di 50 °C e regolate di sale. Versate sui petti di faraona in modo da napparli completamente. Poi mettete di nuovo la carne in frigorifero.
Lavate le carote e tagliatele a rondelle spesse circa 1 cm, tornite bene i bordi e rosolatele in padella con un po' di olio. Aggiungete i chicchi di caffè e un mestolo abbondante di acqua, salate e coprite con il coperchio. Alzate la fiamma e cuocete per qualche minuto, poi spegnete il fuoco e regolate di sale e pepe. Sul fondo di ogni piatto adagiate le rondelle di carote calde, al centro mettete il petto di faraona e tenete a temperatura ambiente prima di servire. Potete guarnire il piatto con un po' di prezzemolo riccio, qualche filo di erba cipollina oppure con dei piselli sbollentati.

GUARNIRE CON LO CHAUD-FROID

Uno chaud-froid viene bene quando la salsa risulta liscia, lucida, perfettamente omogenea. È un modo perfetto per nappare il pollame, ma anche per preparare la selvaggina o il pesce. Può fare da base per molte decorazioni e si può guarnire per esempio con delle erbe; il verde è sempre il benvenuto nei piatti perché dà freschezza e porta una bella nota di colore. Se non siete grandi decoratori, non importa. Fate bene la vostra salsa, nappando la carne in maniera pulita, e il vostro piatto sarà già ben presentato. Escoffier ne sarà più che soddisfatto.

NASELLO MANTECATO, FAVE E POMODORINI CANDITI

Il nasello non è mai molto considerato, ed è un peccato perché è un pesce ricco di sapore, tipico dell'Adriatico, facile da trovare e anche semplice da pulire. In questa ricetta viene cotto con acqua e latte ed è la versione fresca del baccalà mantecato, un piatto tradizionale che quando assaggio mi fa subito venire in mente Venezia e la laguna. Se vado in qualche bacaro (una specie di bistrot ma alla veneziana), il pesce mantecato è un assaggio d'obbligo ed è altrettanto d'obbligo accompagnarlo con un bianchetto, che in veneziano è il bicchiere di bianco (da non confondere mai con l'ombra, che è rossa!). Fermo o con le bollicine, il bianchetto è perfetto anche con questo piatto, che ha la nota dolce del pomodoro e una parte un po' erbacea data dalle fave.

INGREDIENTI PER 4 PERSONE

500 g di trancio di nasello • 1 patata media • 3 spicchi di aglio • 1 scalogno • 500 g di pomodorini datterini • 1 cucchiaio di zucchero a velo • 1 mazzetto di timo • 200 g di fave sgusciate • 20 g di latte • prezzemolo • olio extravergine di oliva • sale • pepe

PREPARAZIONE E COTTURA: 60 MINUTI + COTTURA DEI POMODORINI

Come prima cosa, togliete la pelle al nasello e, se dovesse risultare colloso, sciacquatelo bene sotto l'acqua corrente, quindi tagliatelo a tocchetti. In un tegame riunite la patata (che

avrete in precedenza pelato e tagliato), uno spicchio d'aglio e lo scalogno affettato sottilmente. Rosolate dolcemente gli ingredienti, unitevi il nasello a pezzetti, quindi coprite con acqua e latte. Cuocete per 20 minuti. Scolate, eliminate l'aglio e lavorate il tutto rimestando con un cucchiaio di legno prima, e con la frusta poi. Incorporate al composto mezzo bicchiere di olio extravergine di oliva e regolate di sale e pepe. Lasciate a riposo in frigorifero.

Lavate i pomodorini, tuffateli in acqua bollente per 15 secondi, dopodiché pelateli, raccoglieteli in una bacinella, conditeli con sale fino, olio extravergine di oliva, e poi unite lo zucchero a velo, 2 spicchi di aglio e 3 rametti di timo. Dopo averli distribuiti su una teglia foderata con carta da forno, fateli appassire in forno a 140 °C per 2 ore circa.

In una bacinella condite le fave con sale e olio, aggiungete i pomodorini canditi e distribuite in ogni piatto. Tirate fuori dal frigo il nasello, e lavoratelo con un mestolo fino a ottenere una consistenza morbida e gradevole. Poi, aiutandovi con 2 cucchiai, realizzate delle quenelle di nasello e appoggiatele sull'insalata di fave e pomodorini, quindi guarnite con qualche fogliolina di prezzemolo prima di servire.

In alternativa, aiutandovi con un coppapasta, potete stampare il nasello al centro del piatto, sopra all'insalata di fave e datterini, terminando con qualche fogliolina di prezzemolo a piacere.

USARE IL NASELLO

Se prendete un nasello intero (il mio consiglio è sempre comprarlo intero, quando possibile), tenete la parte centrale per fare un filetto, o delle scaloppe. Per il pesce mantecato usate le parti meno belle da vedere. Vale lo stesso discorso che abbiamo visto per le crocchette di baccalà, a pagina 87. Il nasello, oltretutto, tagliato a tocchetti è ottimo anche fritto. Se per comodità nella versione mantecata volete tenere la pelle, potete farlo. Noi l'abbiamo eliminata perché può macchiare le quenelle e perché a volte ha una consistenza leggermente viscosa, che a qualcuno potrebbe non essere gradita.

DOLCE DEL MICHELACC (LA MIA TORTA PAESANA)

Se vi state chiedendo chi sia questo michelacc e che cosa abbia fatto per finire dentro a un dolce, fermatevi perché siete fuori strada. Michelacc è una parola composta: è formata da "mica" e "lacc", che in dialetto milanese significano pane e latte. Non un pane qualsiasi, però, ma quello raffermo, il pane del giorno dopo che si è asciugato e ha preso un odore particolare (in milanese c'è un'espressione precisa per dirlo, "pan poss"). Non confondetelo però con quello vecchio e secco, che non è adatto a questa preparazione. Il michelacc (che si trova in tutta la campagna lombarda anche con il nome di torta paesana) è un dolce fantastico del riuso, che poi è quello che tutti dovremmo imparare a fare anche a casa, eliminando gli sprechi e imparando a gestire al meglio quello che c'è nella dispensa.

INGREDIENTI PER 4 PERSONE

Per il dolce: 200 g di pane raffermo (non secco) • 150 g di amaretti secchi • 750 g di latte • 100 g di burro • 2 uova • 125 g di zucchero semolato • 150 g di cacao in polvere • 125 g di uvetta sultanina • 50 g di farina. *Per la salsa allo zafferano*: 300 g di panna fresca • ½ bustina di zafferano in polvere

PREPARAZIONE E COTTURA: 2 ORE + RIPOSO

La sera prima mettete il pane a pezzetti in una ciotola capiente, aggiungete gli amaretti sbriciolati e versateci sopra il latte.

Lasciate lì per tutta la notte. Al mattino frullate il composto con il frullatore a immersione e unite il burro morbido e poi gli altri ingredienti, uno alla volta. Cominciate dalle uova, quindi incorporate lo zucchero, il cacao e l'uvetta. Trasferite il composto in una tortiera precedentemente imburrata e infarinata, e cuocete in forno caldo a 175 °C. Calcolate che ci vorrà un'ora circa, ma naturalmente i tempi dipendono sempre dal vostro elettrodomestico. Togliete dal forno e lasciate raffreddare la torta, che dovrà risultare ben morbida.
Per la salsa di accompagnamento, riunite la panna e lo zafferano in una bacinella, quindi montate fino a ottenere una crema lucida, dalla consistenza ferma. Otterrete un'alternativa ricca, diversa dalla solita panna montata, con il profumo dello zafferano che si combina perfettamente con il cacao. Accompagnate le fette di torta con una cucchiaiata di salsa e finite, se vi piace, con una leggera spolverizzata di zucchero a velo o di amaretti sbriciolati.

CREMA DI LATTE AL SAMBUCO, FRAGOLINE DI BOSCO E SCHIUMA DI LATTE

Il sambuco è una pianta dai fiori bianchi che si vede in campagna, a volte vicino ai fossi e ai fiumi dove la terra è più umida, o a volte lungo le siepi. In cucina i fiori si usano per preparare dolci o infusi, mentre le bacche sono commestibili solo quando sono mature e hanno un bel colore scuro. Qui noi sfruttiamo i fiori per preparare un dessert con le fragoline di bosco, dolcissime e profumatissime. Lo completa la schiuma di latte che ha una consistenza fantastica, ma tende a smontarsi velocemente. Quando è pronta, avete quindi cinque minuti per servirla e gustarla. Mi raccomando: veloci!

INGREDIENTI PER 4 PERSONE

4 fogli di colla di pesce • 700 g di latte • 530 g di panna fresca • 80 g di zucchero semolato • 15 g di fiori di sambuco fresco (in alternativa 5 g di sambuco secco) • 100 g di fragoline di bosco • zucchero a velo • 20 g di miele di acacia o di tiglio

PREPARAZIONE E COTTURA: 30 MINUTI + TEMPI DI RIPOSO

Reidratate la colla di pesce in abbondante acqua fredda. In un pentolino portate a bollore 500 g di latte, la panna, lo zucchero e i fiori di sambuco, tenendone qualcuno da parte per guarnire. Filtrate il liquido e unitevi la colla di pesce, quindi trasferite tutto nei contenitori che preferite, poi mettete in frigorifero fino a completa gelificazione. In un recipiente a parte condite le

fragoline di bosco con un po' di zucchero a velo, quindi distribuitele nei vostri contenitori, sopra alla crema di latte. In un pentolino scaldate il resto del latte (200 g) con il miele, senza portarlo a bollore. Quando il liquido sarà ben caldo, frullatelo con un frullatore a immersione: in superficie otterrete una schiuma densa e ferma, dalla consistenza davvero appagante. Prelevate subito la schiuma e distribuite un cucchiaio in ciascun contenitore, sopra alle fragoline. Guarnite a piacere con qualche fiore di sambuco e servite. Il latte rimasto non buttatelo: potete usarlo per una crema, oppure potete aggiungerci un po' di miele. Se avete mal di gola, sarà un rimedio molto dolce.

LO SCIROPPO DI SAMBUCO

Tra le tante preparazioni che si possono fare con i fiori di sambuco ce n'è una che adoro: lo sciroppo. È molto diffuso in Emilia, il mio amico Bruno Barbieri ogni anno me ne porta una bottiglia, ed è un regalo fantastico. Si può diluire in acqua e servire come bevanda rinfrescante, oppure si può sfruttare per bagnare un pan di Spagna o una torta margherita. In alternativa si può mettere in una granita o, in una macedonia di fragole o di ciliegie. È anche ottimo per i cocktail. Per farlo, bollite per qualche minuto 1 l d'acqua con 700 g di zucchero di canna, lasciate intiepidire, mettete in infusione 100 g di fiori di sambuco per un'ora circa, quindi passate 2 o 3 volte nel colino e aggiungete 300 g di succo di limone già filtrato. Conservate in frigorifero per 2-3 giorni, e servite fresco.

MILLEFOGLIE DI CIOCCOLATO FONDENTE E CREMA ALLA MENTA

Cioccolato e menta è un classico. Forse l'abbinamento più famoso è stato quello creato da una nota marca di cioccolatini tra gli anni Ottanta e i primi Novanta. In questa ricetta abbiamo la panna, che porta una nota molto morbida e grassa, e dall'altra parte il tocco un po' amarognolo ma molto aromatico del cioccolato fondente, che secondo me la bilancia alla perfezione. L'assaggio viene chiuso dalla menta, che dà freschezza alla crema, lasciando la bocca pulita, con una lieve sensazione pungente e balsamica.

INGREDIENTI PER 4 PERSONE

200 g di cioccolato fondente (70-75% di cacao) • 500 g di panna fresca • 30 g di zucchero semolato • 2 fogli di colla di pesce • 15-20 foglie di menta

PREPARAZIONE E COTTURA: 70 MINUTI + RAFFREDDAMENTO

In un pentolino fondete il cioccolato a bagnomaria portandolo a una temperatura di 40-45 °C circa. Quando sarà sciolto completamente, con l'aiuto di una spatola stendetelo su un foglio di acetato cercando di ricavare uno strato molto sottile. Se non doveste averlo, potete utilizzare un foglio di carta da forno. Riponete in una teglia il vostro foglio con il cioccolato e mettete tutto in frigorifero per qualche minuto. Nel momento in cui il cioccolato inizia a solidificare (ve ne accorgerete perché

la sua superficie inizierà a diventare opaca), disegnate una griglia con la punta di un coltellino, in modo da ricavare tante tessere quadrate di 3 cm di lato. Tenete in frigorifero finché il cioccolato non si sarà solidificato completamente. A questo punto tirate fuori dal frigo e spezzate il cioccolato, in modo da separare le "tegole" che vi serviranno per comporre la millefoglie.

In una pentola riscaldate la panna e lo zucchero, senza arrivare a bollore. La temperatura ottimale dovrà essere intorno ai 60 °C. Controllate che lo zucchero si sia sciolto completamente, quindi unite le foglie di menta, spegnete il fuoco, coprite con la pellicola trasparente e lasciate in infusione per qualche minuto. Filtrate e unite la colla di pesce. Lasciate a riposo in frigorifero fino a completa gelificazione. A questo punto, tirate fuori la crema e lavoratela con lo sbattitore elettrico (potete anche metterla nella planetaria, se l'avete), finché non risulti leggera, spumosa e ferma. Trasferite il tutto in un sacchetto da pasticceria.

Componete la vostra porzione di millefoglie alternando alla crema di menta una tegola di cioccolato. Procedete in questo modo, creando una fila regolare in ogni piatto, fino a esaurimento degli ingredienti.

QUATTRO VARIANTI PER LA *MILLEFOGLIE*

La millefoglie, dolce o salata che sia, è una ricetta base, che si può pensare come jolly, personalizzandola con accostamenti sempre nuovi. Noi abbiamo usato cioccolato fondente e menta, perché è una combinazione fresca e accattivante, ma le possibilità sono davvero tante, penso per esempio alla vaniglia che può rendere bene con il cioccolato bianco, oppure alla cannella insieme al cioccolato al latte, e ancora alla coppia arancia-cioccolato fondente, o anice-cioccolato al caffè. Di sicuro oggi il cioccolato è un alimento di largo consumo che viene acquistato con maggiore consapevolezza. Sempre più l'accento viene posto sulla provenienza, sulla produzione, sulla percentuale di cacao, con un occhio di riguardo anche agli aromi e ai profumi che può dare, aprendo a un ventaglio di abbinamenti davvero molto ampio.

INSALATE

Che sia un inizio o un contorno, una preparazione leggera o un piatto rinforzato, l'insalata è un po' come una trama o una tela, su cui si possono declinare consistenze, sapori e colori.

Le combinazioni sono tantissime; il risultato, se la materia prima è trattata bene, sarà sempre buono. Di base l'insalata nasce come soluzione veloce, come piatto in cui non c'è bisogno di cuocere o trasformare troppo la materia prima. Può essere allora una composizione di ortaggi a crudo, in cui andiamo a sfruttare quelle varietà, autunnali e invernali, che hanno caratteristiche uniche di fragranza e croccantezza; penso al radicchio, alla cicoria, o alla variegata. Oppure è possibile privilegiare foglie più dolci e morbide, che arrivano sulle tavole prima del freddo, come la valeriana, il soncino, la lattuga. Non dimentichiamo le erbe di campo che ci aprono un mondo incredibile di

abbinamenti e portano sapori caratteristici e molto personali, che vanno ad arricchire i piatti con sfumature uniche. E qui abbiamo la borragine, il crescione, il tarassaco, il raperonzolo, la rucola selvatica, lo spinacino o l'acetosella, per fare alcuni esempi. Ma basta andare in campagna e in montagna per incontrare tante altre varietà, frutto della biodiversità incredibile del nostro Paese. In genere è sempre meglio avere un'insalata selvatica, o un prodotto che viene da coltivazioni di qualità, perché così partiamo con il piede giusto per valorizzare un mondo vegetale ricchissimo. Noi vi diamo una nostra interpretazione nell'*Insalata di cicoria* (p. 175). Naturalmente, quando vengono consumate crude, è fondamentale che erbe e insalate siano freschissime, per cui verificate bene che siano croccanti, mai appassite, che il cespo risulti compatto e consistente, che le foglie non siano molli, che non penzolino sul gambo. Se avete preso un radicchio di Chioggia o di Verona, controllate che sia chiuso e che le foglie non siano sciupate sul margine.
Un'altra cosa importante, vorrei dire decisiva, è il condimento. C'è una frase molto famosa, in cui si afferma che fare un'insalata ha qualcosa di diplomatico; il punto - lo dice Oscar Wilde - consiste nel capire esattamente quanto olio va messo insieme all'aceto. Ed è vero, perché un'insalata è servita bene quando riusciamo a valorizzare tutte le sue sfumature aromatiche, dolci e sapide, attraverso un condimento che dia acidità, ma che avvolga tutto senza prevalere. Per farlo al meglio, bisognerebbe allora partire dal sale, poi aggiungere l'aceto (l'ideale sarebbe mescolarli, in modo che formino una soluzione in cui il sale si sciolglie) e completare con l'olio. Si può anche preparare una vinaigrette, per rendere il tutto un po' più ricco. E allora si

lavorano insieme aceto e sale e si aggiunge l'olio, avendo cura di emulsionare bene; in alternativa, si sostituisce l'aceto con il limone, o con un succo di agrume. Si può mettere anche la senape perché ci sta benissimo, in crema o in grani. L'aceto può essere anche usato per fare una marinata o per condire a parte alcuni degli ingredienti che metteremo nel piatto, come facciamo con i fichi in aceto di lamponi, nel *Radicchio rosso tardivo di Treviso arrosto alla salvia* (p. 172). Un'altra possibilità è usare un aspretto toscano, un prodotto artigianale fantastico, che ricorda un aceto balsamico a base di frutta, di solito mora o prugna. Oppure un aceto di scalogno, come nella *Scarola brasata* (p. 182).
Un'altra cosa che va molto bene quando si parla di insalata sono i germogli, che concentrano in una parte molto piccola tutto il sapore di un'erba. I fiori sono un'altra aggiunta bella da vedere; di sicuro vi fanno fare molta scena, anche se non sono molto ricchi di gusto. Lo chef che per primo ha valorizzato l'insalata (con fiori, frutti, germogli) trasformandola in una piccola opera d'arte è stato Michel Bras con il Gargouillou de jeunes légumes, uno di quei piatti che hanno fatto storia, alla fine degli anni Novanta. Bras ha proprio creato questa tavolozza piena di colori, con un lavoro molto centrato sugli ingredienti, una specie di giardino in miniatura, in cui si ritrovano fino a 50 o 60 ingredienti. E la cosa bella è che quando gli chiedi da dove gli sia arrivata l'intuizione, Michel ti risponde che gli è bastato guardare il paesaggio che si apre intorno al suo ristorante. Così, forse, anche per noi le insalate potrebbero essere questo, l'occasione per andare a valorizzare la tipicità e il territorio. Poi non è mica detto che si debbano fare solo crude. Esistono tante

varietà che si possono cuocere e assumono note di morbidezza e di dolcezza, o al contrario di lieve aromaticità. Penso all'indivia, alla cicoria, alla scarola. O anche all'ortica, che prima di essere mangiata va sbollentata. Ma un po' tutte le insalate hanno questa doppia vita: la stessa lattuga ha un cuore croccante che è ottimo da mangiare a crudo (a volte al ristorante lo accompagniamo con la liquirizia); mentre le foglie esterne si possono anche cuocere in padella. Noi vi proponiamo la *Castelfranco saltata, code di gamberi e yogurt* (p. 179), una varietà unica, che adoro, e si coltiva in un'area ben definita a cavallo di tre province: Treviso, Padova, Venezia. Questo ortaggio è frutto di una coltivazione sapiente, che prevede passaggi diversi per sviluppare al meglio l'effetto variegato della foglia, la consistenza croccante ma non legnosa, il sapore delicato con una lieve nota amarognola. E non possiamo dimenticare il radicchio rosso tardivo di Treviso, una materia prima superlativa, che io amo, e che si può servire crudo, scottato, sott'olio, alla griglia, nel risotto. È un'eccellenza della nostra gastronomia e ha tutta una storia di lavoro alle spalle, una sapienza contadina che lo rende straordinario. Prima viene seminato, poi tenuto giù a terra fino alle prime brinate autunnali, dopodiché è raccolto, pulito, sciacquato e trasferito in speciali vasche con acqua, dove viene lasciato vegetare ancora per un paio di settimane, ma al buio, dopodiché è pronto per essere confezionato. Se ne prendiamo una cassetta, possiamo immergere i cespi con il gambo in giù in una bacinella piena d'acqua; riusciremo a conservarlo meglio e più a lungo. Ed è bello pensare che lo restituiamo all'acqua, il suo elemento acquisito, che lo fa assomigliare a un fiore, o a una strana ninfea, che poi sboccerà sulla nostra tavola.

RADICCHIO ROSSO TARDIVO DI TREVISO ARROSTO ALLA SALVIA, FICHI MARINATI ALL'ACETO DI LAMPONI E NOCI DI MACADAMIA

Il radicchio di Treviso, quello tardivo, è il protagonista di questa ricetta. Viene cotto con la salvia, che gli dà un sapore fantastico, ed è servito con i fichi marinati nell'aceto di lamponi. Ne deriva un piatto molto interessante, una tavolozza di sapori, colori e consistenze, a cui si aggiungono le noci di Macadamia tostate con l'albume, che sono un pieno di sapore, una cosa incredibile sotto i denti. È una ricetta leggera, che va bene prima di una pasta, ma è perfetta anche come piatto unico con l'aggiunta magari di un pesce azzurro. Se prendete un filetto di sgombro freschissimo cotto alla piastra e glielo mettete vicino, avrete fatto centro.

INGREDIENTI PER 4 PERSONE

8 fichi maturi • 20 g di aceto di lamponi • 4 cespi piccoli di radicchio rosso tardivo di Treviso • 1 spicchio di aglio • 1 mazzo di salvia a foglie grandi • 20 noci di Macadamia sgusciate • 10 g di albume • olio extravergine di oliva • sale • pepe nero

PREPARAZIONE E COTTURA: 10 MINUTI + MARINATURA

Per prima cosa, pelate i fichi, tagliateli in quattro spicchi e distribuiteli in un piatto; conditeli con un po' di olio, sale e aceto

di lamponi, quindi mettete tutto a riposo in frigorifero per un'ora. Scaldate un po' di olio in una padella, unitevi l'aglio in camicia, quindi rosolate il radicchio su tutti i lati e regolate di sale. Prelevate il radicchio dalla padella, avvolgetelo con delle foglie di salvia aiutandovi con un foglio di carta d'alluminio. Cuocete i cespi di radicchio così preparati in forno a 180 °C per 7-8 minuti.

Riunite le noci di Macadamia in un contenitore, unitevi l'albume e rimestate bene, facendo in modo che l'albume le bagni completamente. A questo punto trasferitele in una teglia, salate e tostate in forno caldo per 5-6 minuti. Sfornate.

Liberate il radicchio dalla salvia e ponetelo al centro del piatto. Avvicinategli la polpa di fichi marinata con aceto e sale e rompetevi sopra qualche noce salata. Finite con un giro di olio e servite.

INSALATA DI CICORIA, PERE, FRUTTO DELLA PASSIONE E NOCI SOFFIATE

La cicoria è una delle insalate con il sapore più marcato. Di conseguenza è fantastica da servire con ingredienti e preparazioni diverse: è ottima quando si fa ripassare in pentola (magari con poco aglio e peperoncino), ma servita a crudo tira fuori al meglio la sua parte aromatica. Può essere proposta come insalata di chiusura, dopo una carne anche forte, oppure come introduzione al dessert. Ed è un po' una provocazione, perché di solito come pre-dessert si punta su un formaggio; in questo caso osiamo con un'insalata molto caratterizzata, in cui c'è una parte aromatica data dalla cicoria (noi abbiamo usato una varietà da taglio detta "spadona"), una dolce data dalle pere, ma anche una nota importante di acidità giocata sul frutto della passione.

INGREDIENTI PER 4 PERSONE

50 g di latte • 600 g di acqua • 30 noci sgusciate • 2 pere Williams o Abate • 50 g di succo fresco di pera (centrifuga o estratto) • 100 g di succo di frutto della passione • 3 g di agar agar • 2 mazzetti di cicoria • 2-3 frutti della passione • olio extravergine di oliva • sale • pepe bianco

PREPARAZIONE E COTTURA: 30 MINUTI + RIPOSO

Versate in un pentolino il latte e 500 g di acqua, portate a bollore, dopodiché immergetevi le noci e cuocetele per 15 mi-

nuti. Scolatele, sciacquatele sotto l'acqua corrente e passatele con un panno per asciugarle. Conditele con olio extravergine e abbondante sale, quindi tostatele per 4-5 minuti in forno a 190 °C finché non risulteranno croccanti, leggere e saporite. Mondate le pere eliminando il torsolo e tagliatele a spicchi non troppo spessi che trasferirete in un contenitore in cui li farete marinare con tre quarti del succo di pera, una presa di sale, un po' di pepe bianco macinato e un po' d'olio. Coprite con la pellicola e lasciate a riposo per 30 minuti in frigorifero (se per caso avete la macchina per il sottovuoto, potete chiudere le pere in un sacchetto con la loro marinatura). Alla fine del tempo di riposo, avranno preso un effetto di trasparenza più accentuato e un sapore ancora più intenso. In un pentolino mescolate il succo del frutto della passione, quel che rimane del succo di pera e i 100 g di acqua rimasta. Unitevi anche l'agar agar, stemperate bene con l'aiuto di una frusta, quindi mettete il liquido sul fuoco e portate a bollore, fate andare per un paio di minuti, poi trasferite in un contenitore di plastica e lasciate in frigo fino a completa gelificazione. Lavate e asciugate la cicoria, tagliandola a pezzi. Al momento di servire, tirate fuori dal frigo la gelatina al frutto della passione e frullatela in modo da ottenere un gel liscio e omogeneo. Distribuite qualche punta di gel nel vostro piatto di portata, sistemate la cicoria alternandola con gli spicchi di pera, e completate con le noci e il frutto della passione fresco. Condite con un po' di sale, una macinata di pepe e un goccio di olio.

IL FRUTTO DELLA PASSIONE

Il frutto della passione è uno di quei cibi che mi fanno impazzire: si usa tantissimo nei sorbetti, nei cocktail e nei dolci, e ovviamente nel mitico soufflé, un piatto fantastico che ho assaggiato da Frédy Girardet diversi anni fa. Tanto la pianta è famosa per il suo potere sedativo e calmante, tanto il frutto ha un effetto scatenante sui sensi. Seducente e intrigante, ha questo profumo fortissimo e al tempo stesso dolce, acido e intenso... da far girare la testa! In effetti, chiamandosi frutto della passione, verrebbe facile pensare a chissà che. Invece la passione cui si fa riferimento è tutt'altro che *hot*, per lo meno nel nome. La pianta venne scoperta dai missionari spagnoli che erano arrivati in America dopo la scoperta di Colombo; furono loro a darle il nome di *passiflora*, per ricordare la Passione di Cristo.

CASTELFRANCO SALTATA, CODE DI GAMBERI E YOGURT

La Castelfranco è un'insalata variegata, con foglie larghe dalle sfumature molto belle e un sapore delicato, inconfondibile. Unica nel suo genere, ha una forma che ricorda un fiore, quasi una rosa. È un prodotto stupendo che si prepara nel periodo vicino a Natale, servito nei cesti con la carta trasparente, ed è forse uno dei regali che negli anni ho imparato ad apprezzare di più. In questa ricetta abbiamo voluto darle un'idea diversa, cuocendola in padella e abbinandola ai gamberi, ma se non la conoscete cominciate ad assaggiarla a crudo, condita giusto con un po' di olio e sale. È buonissima. Oppure provate con una vinaigrette molto semplice, solo con un pizzico di pasta di acciughe al posto del sale. Per me è straordinaria.

INGREDIENTI PER 4 PERSONE

2 cespi di insalata Castelfranco • 1 spicchio di aglio • 16 code di gambero private del carapace • 30 g di brandy • 100 g di yogurt intero • olio extravergine di oliva • sale

PREPARAZIONE E COTTURA: 40 MINUTI

Mondate l'insalata eliminando le primissime foglie, quelle più esterne, poi, aiutandovi con un coltellino, pulite la parte fibrosa vicina alla radice e tagliate il cespo a pezzi piuttosto grossi. In una padella rosolate in poco olio uno spicchio di aglio in camicia, unite le code di gambero incise sulla parte più vicina

alla testa, fate andare per un minuto e sfumate con il brandy. Salate leggermente e togliete dalla padella i gamberi, che dovranno essere morbidi, dorati e succosi, ma non buttate il loro fondo di cottura.
In un'altra padella rosolate l'insalata, lasciandola appassire, poi aggiungete mezzo bicchiere di acqua. Unitevi un po' del fondo di cottura dei gamberi, direi meno di metà, lasciate ridurre per qualche istante e regolate di sale. Spegnete il fuoco e preparatevi a servire.
Distribuite nei piatti l'insalata accostandola ai gamberi, che dovranno essere conditi con il loro liquido di cottura. Terminate con un cucchiaio di yogurt, che porterà un po' di freschezza e una leggera acidità per chiudere il piatto al meglio.

SCAROLA BRASATA CON CIPOLLOTTO VIOLA, PASTA KATAIFI E PESTO DI MANDORLE

La scarola non può che ricordarmi Napoli, dove l'ho mangiata nella pizza fritta di Franco Pepe a Caiazzo, in una delle sue espressioni forse più alte. Quella rimane il mio riferimento, il top nella mia classifica degli assaggi. Ogni volta che mangio la scarola, vado sempre a paragonarla a quella, per cercare di capire che tipo di ingrediente ho davanti, se è buono, molto buono o buonissimo. Per questo tipo di insalata la cottura in padella è un po' un classico, ma non bisogna esagerare; per me è buona quando è appena morbida, se è stracotta meglio lasciar stare. Il piatto si completa con la pasta kataifi, un ingrediente molto usato nella cucina mediterranea mediorientale. Usata con il tocco giusto in qualche ricetta aiuta a dare croccantezza e consistenza al piatto.

INGREDIENTI PER 4 PERSONE

4 cespi di scarola • 1 spicchio di aglio • 100 g di acqua • 40 g di burro • 100 g di mandorle pelate • 270 g di olio di semi di girasole • 1 cipollotto viola • 4 matasse piccole di pasta kataifi • aceto di scalogno • olio extravergine di oliva • sale • pepe

PREPARAZIONE E COTTURA: 40 MINUTI

Per prima cosa, tagliate a pezzetti la vostra scarola e andate a rosolarla a fuoco dolce in padella con uno spicchio di aglio e un cucchiaio di olio extravergine di oliva. Una volta che l'insalata sarà appassita, unite l'acqua e il burro. Fate bene attenzione a cuocerla fino a renderla tenera mantenendola però consistente e ben amalgamata con il condimento. Aggiustate di sale e pepe.

Prendete le mandorle, raccoglietele nel bicchiere del frullatore insieme a 70 g di olio di semi di girasole e frullate fino a ottenere una pasta di consistenza liscia e omogenea.

A questo punto affettate il cipollotto a rondelle sottili e bagnatelo con un cucchiaio di aceto di scalogno (se non l'avete, usate pure quello di vino rosso): lasciate a riposo per 30 minuti. Nel frattempo friggete i nidi di pasta kataifi nell'olio di semi di girasole che rimane, poi passate le matassine su un foglio di carta assorbente per asciugare l'olio in eccesso.

In ciascun piatto create una base di scarola cotta, conditela con qualche goccia di pesto di mandorle, al centro adagiate il croccante di pasta kataifi e finite con qualche anello di cipollotto marinato.

KATAIFI CROCCANTE TRA DOLCE E SALATO

In questa ricetta la pasta kataifi viene fritta ma, in alternativa, potete cuocerla in forno. Ungetela con un filo di olio e, se volete, cospargetela con delle spezie per personalizzarne il gusto. Poi mettetela su una teglia e passatela in forno a 170 °C, finché non sarà ben dorata. Il risultato sarà ugualmente buono. Questo ingrediente, infatti, serve principalmente a dare croccantezza e volume alle vostre preparazioni. È presente in molte ricette salate ma spesso e volentieri è usato anche in pasticceria. Per esempio, se fate una tartelletta al cioccolato, con una base di pastafrolla e una ganache di cioccolato all'interno, e non avete i lamponi per guarnirla, potete prendere una matassa di pasta kataifi, condirla con zucchero a velo, cannella, zenzero tritato e metterla in forno a 170 °C finché non sarà ben dorata. Otterrete un elemento croccante da appoggiare sul vostro dolce che darà un contrasto fantastico con la morbidezza del cioccolato. Un'altra possibilità è friggerla in abbondante olio bollente e cospargerla di zucchero a velo; così facendo la si può accompagnare a una crema o a un gelato. Se la cosa non vi soddisfa, perché siete di quelli che amano le sfide, potreste fare in alternativa delle frittelle da cuocere in forno. È un po' più complicato, perché dovrete avere un composto abbastanza solido, a cui unire la pasta kataifi, spolverizzandola di zucchero in superficie e poi infornando a 170 °C per qualche minuto in modo che caramellizzi un po'.

RISO

Il riso è un cereale antichissimo; le sue origini si perdono nella notte dei tempi e ci portano in Paesi lontani come Cina, India, Vietnam, Thailandia, Indonesia, Giappone…

Anche da noi questo ingrediente ha una storia antica, perché già i Romani lo conoscevano, anche se lo consideravano più che altro una pianta medicinale. Fino al tardo Medioevo in Europa ha avuto un uso ristretto e una classificazione speciale, quella delle spezie, che si collocano in quella zona di confine tra medicina, nutrimento e magia. Per parlare di coltivazione vera e propria, con la quale il riso arriva a tavola, dobbiamo aspettare gli Arabi e la loro espansione nel Mediterraneo. In Italia, infatti, il riso entra grazie a loro e trova casa inizialmente al Sud, tra Sicilia e Puglia, dove c'erano tanti acquitrini che andavano bene per far crescere le piante. Poi si diffonde al Nord, siamo nel Quattrocento, prima in Lombardia e poi in tutta la Pianura Padana. Qui resta in primo piano, mentre al Sud le cose lentamente cambiano e alla fine si impone il frumento. Oggi si può dire che il riso sia uno dei pilastri della dieta mediterranea, una delle chiavi di lettura più importanti della nostra cultura alimentare, insieme al pane e alla pasta. Se pensiamo al risotto, ecco che abbiamo uno dei simboli inconfondibili della nostra cucina, una di quelle cose che ci hanno fatto conoscere e apprezzare in tutto il mondo. Io mi ritrovo tantissimo nel "tributo" a questa meravigliosa preparazione, mi piace pensare che sia un po' anche la mia base, il piatto con cui sono cresciuto e mi sono affinato. Al tempo stesso è una specialità del Nord, qualcosa da cui non si può prescindere se si lavora in cucina. Credo che rimanga il banco di prova di tutti i cuochi, perché consente di interpretare la tradizione ma anche di esprimere quella famosa idea di cucina da cui si riconosce la mano di chi sta ai fornelli. Gli chef, quando decidono di fare il "loro" risotto, si rivelano, mettono le carte in tavola, mostrano quello che sanno fare, e come. Il risotto è anche la prima ricetta di questa sezione, in un abbinamento che trovo molto interessante e che potete provare nel *Riso mantecato ai porcini e radice di liquirizia* (p. 192).

Poi c'è da dire che esiste una geografia del riso, perché a mano a mano che si va da nord a sud questo ingrediente un po' si perde, comincia a essere meno presente; per esempio in Toscana e nel Centro Italia è affiancato o sostituito da altri cereali, come il farro o l'orzo, mentre scendendo più giù ricompare, ma in altra forma. Non più risotto ma preparazioni diverse, come la tiella barese o tarantina, dove il riso si accompagna alle cozze, alle patate e ad altri ingredienti ed è cotto in forno per riduzione con l'aggiunta di liquido (brodo, acqua, fondo di cottura dei frutti di mare). E poi c'è il sartù napoletano, che è un piatto ricchissimo, in cui il riso prima è cotto, poi viene messo in uno stampo con il suo condimento di ragù e verdure, infine passa in forno. E naturalmente non dimentichiamo gli arancini, coni o sfere di riso cotto ripieni di un sugo di carne o di verdure, poi impanati e fritti. Sono piatti che ci danno un po' l'idea di quanto questo cereale sia un ingrediente polivalente e poliedrico, capace di riciclarsi e di trasformarsi in tanti modi. Perché posso farne un timballo, ma se voglio mi metto a fare un risotto. Se decido di prepararne in più, posso recuperarlo il giorno dopo con un riso al salto, un piatto tipicamente lombardo che nasce per riutilizzare gli avanzi. Allora prendo il risotto rimasto dalla sera prima, lo schiaccio in una padella larga e lo friggo nel burro, finché non diventa dorato, croccante, fantastico sotto i denti. Un'altra strada è lessare il riso e poi condirlo, magari con il burro nocciola che trovate nel *Riso in "cagnun", topinambur e peperoni* (p. 198). Oppure, ancora, si può cuocere nell'acqua o nel brodo vegetale, tenendolo molto liquido, come nella *Minestra di riso integrale, fagioli bianchi e lardo* (p. 201). In questo caso noi abbiamo scelto il riso integrale, che ha un bel colore bruno dorato e conserva la lolla, lo strato più superficiale che avvolge il chicco e che normalmente, nei risi cosiddetti "raffinati", viene scartato, perdendo però anche tanta fibra e moltissime sostanze buone. Ovviamente, trattandosi di un riso più complesso, i tempi di cottura si allungano. È quindi adatto alle minestre, ma essendo più povero di amido si presta meno ai risotti o a quei piatti in cui c'è bisogno di legare o di creare un effetto di cremosità. Per esempio in quelle preparazioni dolci in cui il riso viene cotto a lungo nel latte, come *Riso e latte con*

ciliegie (p. 204), un'idea semplice ma buonissima. Seguendo la stessa idea di morbidezza, dal dolce torniamo al salato, perché cambiando varietà e scegliendo un chicco lungo come il Basmati, con un aroma deciso e caratteristico, si può stracuocere il riso e frullarlo per farne una *Crema di riso allo zafferano e cioccolato* (p. 195).
Quello che mi piace e non mi stanca mai è proprio questo suo comfort, questa capacità di amalgamarsi, di unirsi con ingredienti e sapori disparati, per cui il riso è un ponte tra cose diverse, un esempio di integrazione tra alimenti e, perché no, tra culture; un filo che unisce Nord e Sud, Oriente e Occidente. Poi ci sono colori, profumi e usi diversi, ma la differenza vera la fa il terreno. Perché anche il riso è al centro di una produzione intensiva, in cui l'imperativo sembra essere produrre a ritmi vertiginosi, sempre più, con mezzi non sempre "trasparenti". Ma certo una scelta diversa è possibile. Penso al riso della Tenuta San Massimo, un riso incredibile, che viene prodotto in un modo quasi unico, all'interno di un parco, con l'uso di acque sorgive, senza alcun tipo di diserbante, di concimazione chimica o di manipolazione. E ha questo gusto, questa ricchezza fantastica. Ed è bello sapere che si possa coltivare bene, senza troppi supporti tecnologici, pensando alla materia prima, al suo rispetto e alla salute di chi la consumerà. Perché poi anche nel piatto la differenza si sente, eccome.

RISO MANTECATO AI PORCINI E RADICE DI LIQUIRIZIA

In questo piatto portiamo a cottura il risotto utilizzando un brodo di porcini. Per prepararlo, vi consiglio di utilizzare gli scarti dei funghi, quando possibile. Poi, se non avete tempo e modo, potete fare come nella ricetta e far bollire i porcini secchi con l'aggiunta della radice di liquirizia, che messa in infusione darà all'acqua un bel colore giallo. Inoltre regalerà alla vostra preparazione un profumo molto intenso, mantenendo al tempo stesso un gusto leggero. La liquirizia è un ingrediente che io adoro e che al ristorante sfruttiamo tantissimo, anche per le sue proprietà digestive. In questa ricetta usiamo proprio la radice, fatta a legnetto o a bastoncino, che si trova in farmacia. In abbinamento ai funghi ci sta da dio.

INGREDIENTI PER 4 PERSONE

20 g di porcini secchi • 1,5 l di acqua • 1 bastoncino di radice fresca di liquirizia • 1 scalogno di medie dimensioni • 145 g di burro • 280 g di riso Carnaroli • 50 g di vino bianco • 90 g di Parmigiano Reggiano grattugiato • 150 g di porcini freschi • 1 spicchio di aglio • 3 g di prezzemolo tritato • olio extravergine di oliva • sale • pepe

PREPARAZIONE E COTTURA: 40 MINUTI

In una pentola scaldate l'acqua a cui avrete aggiunto i funghi secchi, una presa di sale grosso e un terzo del bastoncino di liquirizia. Portate a bollore, quindi spegnete il fuoco, tenete in

infusione per circa 15 minuti e lasciate riposare. In un tegame fate appassire lo scalogno tagliato fine con 25 g di burro, quindi tostate il riso e sfumate con il vino bianco. Portate a cottura il risotto bagnandolo con il brodo bollente di funghi, e quando sarà pronto mantecatelo con 100 g di burro, il Parmigiano Reggiano, un po' di olio, sale e pepe.
Scaldate in una padella 20 g di burro con l'aglio in camicia, aggiungete i porcini puliti ridotti a tocchetti e aggiustate di sale. Fate ben appassire i funghi, quindi muoveteli saltandoli o girandoli con un cucchiaio. Unite mezzo bicchiere di acqua, ma fatelo a più riprese, in modo che i porcini siano ben rosolati e amalgamati, e che sia possibile ricavare un buon fondo di cottura. Alla fine cospargeteli con il prezzemolo.
Togliete dal fuoco e usate il condimento per finire il risotto. Terminate con una generosa grattugiata di radice di liquirizia e portate in tavola.

CREMA DI RISO ALLO ZAFFERANO E CIOCCOLATO

Non lasciatevi trarre in inganno dal nome di questa ricetta: non si tratta di un dessert ma di un piatto salato, che si può servire come primo o come piatto di mezzo. Volendo, può essere anche proposto come aperitivo sfizioso, ma in dosi un po' ridotte, perché è piuttosto corposo, con una consistenza morbida e avvolgente in bocca. È anche una ricetta "antica", una delle prime che abbiamo fatto al ristorante e che negli anni abbiamo declinato in tantissimi modi, interpretandola in versioni sempre diverse: crema di riso Venere; crema di riso Basmati, ricci di mare e caffè; crema di riso bianca con paprika, bruscandoli e riduzione di birra. Sono solo alcune delle possibilità, perché giocando con ingredienti e texture si possono creare variazioni infinite, a partire da una materia prima come il riso, unica proprio per la sua qualità, per la sua semplicità e per la sua straordinaria versatilità.

INGREDIENTI PER 4 PERSONE

200 g di panna • 30 g di riso Basmati • 0,5 g di pistilli di zafferano (in alternativa una bustina) • 2 g di cioccolato fondente al 70% • sale • pepe bianco

PREPARAZIONE E COTTURA: 40 MINUTI

In una pentola fate bollire la panna, aggiungete il riso e lasciate andare a fuoco medio per 25 minuti. Quando siete a metà

cottura, aggiungete lo zafferano. Durante la preparazione dovrete avere cura di rimestare spesso il composto, perché è facile che i chicchi si attacchino sul fondo della pentola e tendano a imbrunire alterando il sapore del piatto. Trascorso il tempo di cottura, al termine del quale il riso non sarà cotto ma stracotto, mettete il tutto nel frullatore e frullate aggiustando di sale e pepe. Il risultato dovrà essere una crema spessa, profumata, che ricorda un po' il riso allo zafferano ma è molto più semplice. Versate due mestoli in ogni fondina e finite con una spolverizzata di cioccolato fondente grattugiato, che a contatto con il caldo della crema si scioglierà e prenderà una bella tonalità brillante.

DUE VARIANTI PER LA *CREMA DI RISO*

Se volete creare un piatto più completo, potete aggiungere alla crema del riso soffiato, che vi darà una nota di croccantezza e, se vi piacciono, dei pezzi di midollo crudo, che avrete intiepidito e tagliato a cubetti. Questi sicuramente non aiuteranno la digestione, perché daranno vita a un piatto molto carico, ma arricchiranno la vostra preparazione con un tocco assolutamente unico.

RISO IN "CAGNUN", TOPINAMBUR E PEPERONI

Il riso in cagnone, "cagnun" in dialetto, è un piatto lombardo-piemontese. Si chiama così perché viene servito con del burro nocciola, un burro che in cottura sviluppa dei puntini marroncini ed è molto saporito. Quando viene versato, rende in effetti a puntini tutto il riso e il colpo d'occhio può vagamente ricordare i "cagnotti", cioè le larve che si usano per la pesca. Il burro nocciola si ottiene portando il burro a 135-140 °C e poi togliendolo subito dal fuoco, in modo che la cottura si fermi. È un condimento molto ricco e molto montanaro, tipico del Nord, che si usa per accompagnare il riso bollito, i canederli o i pizzoccheri. Se salato e lasciato raffreddare, questo burro mi ricorda tantissimo Paolo Lopriore, che ne faceva una delizia.

INGREDIENTI PER 4 PERSONE

300 g di topinambur • 2 peperoni rossi • 1 spicchio di aglio • 320 g di riso Carnaroli • 100 g di Parmigiano Reggiano grattugiato • 40 g di burro nocciola • 1 rametto di salvia • olio extravergine di oliva • sale • pepe

PREPARAZIONE E COTTURA: 1 ORA E 30 MINUTI

Innanzitutto preparate le verdure: lavate i topinambur, ungeteli con un filo d'olio e salateli. Chiudeteli nella carta di alluminio formando un cartoccio ben aderente e cuoceteli in forno a 190 °C finché non risulteranno cotti e morbidi; ci vorrà un'ora e un quarto circa, ma per sicurezza fate la prova con uno stec-

co per verificare che siano della consistenza giusta. A questo punto toglieteli dal forno, aprite il cartoccio, con un cucchiaio recuperate la polpa e trasferitela in una bacinella, quindi conditela con un po' di olio e tenete da parte.

Lavate i peperoni, abbrustoliteli in superficie passandoli sulla fiamma, poi chiudeteli per qualche minuto in un foglio di alluminio, in modo da continuare la cottura. Una volta che saranno raffreddati, toglieteli dall'alluminio e, aiutandovi con un pezzo di carta, eliminate ogni residuo di bruciatura. Se dovete fare in fretta, potete anche sciacquarli sotto l'acqua; in questo caso, però, aspettatevi che perdano anche un po' di sapore. Tagliateli a listarelle eliminando i semi e le parti bianche. Conditeli con olio e sale e lo spicchio d'aglio schiacciato.

Cuocete il riso in abbondante acqua salata, scolatelo, quindi unitevi la polpa di topinambur, i peperoni e il Parmigiano Reggiano, poi trasferite nei piatti. Terminate con un cucchiaio abbondante di burro nocciola fatto spumeggiare con la salvia.

co per verificare che siano della consistenza giusta. A questo punto toglieteli dal forno, aprite il cartoccio, con un cucchiaio recuperate la polpa e trasferitela in una bacinella, quindi conditela con un po' di olio e tenete da parte.
Lavate i peperoni, abbrustoliteli in superficie passandoli sulla fiamma, poi chiudeteli per qualche minuto in un foglio di alluminio, in modo da continuare la cottura. Una volta che saranno raffreddati, toglieteli dall'alluminio e, aiutandovi con un pezzo di carta, eliminate ogni residuo di bruciatura. Se dovete fare in fretta, potete anche sciacquarli sotto l'acqua; in questo caso, però, aspettatevi che perdano anche un po' di sapore. Tagliateli a listarelle eliminando i semi e le parti bianche. Conditeli con olio e sale e lo spicchio d'aglio schiacciato.
Cuocete il riso in abbondante acqua salata, scolatelo, quindi unitevi la polpa di topinambur, i peperoni e il Parmigiano Reggiano, poi trasferite nei piatti. Terminate con un cucchiaio abbondante di burro nocciola fatto spumeggiare con la salvia.

MINESTRA DI RISO INTEGRALE, FAGIOLI BIANCHI E LARDO

Per me questa è la minestra ideale, uno di quei piatti che mi piacciono tanto e che vorrei poter fare a casa, ma che poi tra una cosa e l'altra non riesco mai a realizzare. Bisognerebbe infatti prepararla il giorno prima, lasciarla riposare, poi scaldarla o servirla tiepida l'indomani. È un po' come il minestrone, se volete, una di quelle preparazioni che si fanno e vanno bene, ma il giorno dopo sono ancora meglio. Qui l'ingrediente protagonista insieme al riso è il fagiolo bianco, di cui esistono tipi diversi, penso agli zolfini, ai fagioli risina, o ancora a quelli toscani di Sorana. Imparare a distinguerli e ad apprezzarli significa, come per tantissimi altri ingredienti, andare a riscoprire tutto un mondo fatto di tradizioni e tipicità, con varietà i cui prezzi sono a volte saliti alle stelle. In alternativa a questi fagioli tipici potete usare un semplice cannellino, che è meno costoso e andrà bene comunque.

INGREDIENTI PER 4 PERSONE

1 cipolla bianca di medie dimensioni • 50 g di sedano • 1 spicchio di aglio • 200 g di fagioli bianchi secchi • 200 g di riso integrale • 20 g di cotenna di maiale (scarti di prosciutto crudo) • 8 fettine di lardo stagionato di 2 mm di spessore • 5 g di prezzemolo • olio extravergine di oliva • sale • pepe nero

PREPARAZIONE E COTTURA: 2 ORE

La sera prima, mettete a bagno i fagioli e teneteli in ammollo tutta la notte. Poi scolateli, sciacquateli e lessateli avendo cura di lasciarli bene al dente. Tritate finemente la cipolla e il sedano, rosolateli in 2 cucchiai di olio extravergine di oliva insieme allo spicchio di aglio in camicia. Unite il riso, tostatelo per un paio di minuti, quindi aggiungete anche i fagioli e regolate di sale. A questo punto bagnate con acqua o brodo vegetale. Metteteci anche la cotenna e fate andare il riso a fuoco dolce per una quarantina di minuti. Una volta cotto togliete la cotenna, assaggiate e regolate di sale se necessario. Versate in ogni fondina 2 mestoli di minestra di riso, che completerete con 2 fettine di lardo, una presa di prezzemolo tritato, una generosa macinata di pepe nero e un filo di olio extravergine di oliva. Il lardo, naturalmente, darà alla preparazione un tocco molto ricco, ma se preferite un piatto un po' più leggero, perfetto da mangiare anche di sera, vi consiglio di non metterlo. Avrete comunque una minestra molto nutriente ed elegante. Avendo scelto di lessare i fagioli separatamente, risulterà anche meno pesante di quella che si otterrebbe invece con una cottura diretta, cioè cuocendo i fagioli insieme al riso.

RISO E LATTE CON CILIEGIE

Riso e latte è la forma "primitiva" di dolcezza con cui si veniva tirati su una volta. Mangiarne per me era sempre una festa. Ovviamente nel tempo l'idea di partenza si è arricchita e la ricetta è diventata un po' più sofisticata. La cannella, la scorza di limone, la vaniglia sono degli sfizi, dei piccoli piaceri, come la salsa a base di ciliegie e Maraschino, che arricchiscono il piatto. Alla fine, quando dico di volerlo preparare per i miei bambini, so benissimo che è un pretesto per farlo per me.

INGREDIENTI PER 4 PERSONE

300 g di ciliegie • 50 g di zucchero di canna • 10 g di succo di limone • 20 g di Maraschino • 500 g di latte • 40 g di zucchero semolato • 125 g di riso Carnaroli • cannella in polvere • 1 pezzetto di scorza di limone • ¼ di stecca di vaniglia • sale

PREPARAZIONE E COTTURA: 40 MINUTI

Lavate le ciliegie, tagliatele a metà e privatele del nocciolo. Mettetele a macerare per un paio d'ore circa in una bacinella con lo zucchero di canna, il succo di limone e il Maraschino. Quindi portatele sul fuoco e fatele asciugare rendendole ben lucide. Togliete la salsa dal fuoco. Scaldate il latte con un pizzico di sale e lo zucchero semolato. Quando il liquido arriverà a bollore, unite il riso, la cannella, il limone, la vaniglia e cuocete per 20 minuti, finché i chicchi non saranno cotti. Lasciate raffreddare il riso e stampatelo dentro a un anello di acciaio al centro di ogni piatto. Togliete l'anello e finite con le ciliegie glassate con la loro salsa calda oppure fredda.

POMODORO

Grande o piccolo, tondo o allungato, verde, giallo, bruno e soprattutto rosso, il pomodoro è un prodotto fantastico ed è forse l'ingrediente più rappresentativo della nostra dieta mediterranea.

Se lo pensiamo in un piatto semplice e straordinario come gli spaghetti, possiamo dire che è un po' il simbolo (e la bandiera) dell'Italia a tavola. Ed è una materia prima così presente nella nostra cucina che diamo quasi per scontato sia nata qui. Invece questo ortaggio è arrivato in Europa sulle navi dei conquistadores, più di cinquecento anni fa, e all'inizio era soprattutto oggetto di curiosità e di stupore. Perché più che all'oro o alle gemme, l'interesse del re di Spagna era andato subito a quei prodotti esotici che Cristoforo Colombo aveva portato a casa dall'America. Pomodoro compreso. Come tante cose nuove, però, non è stato capito subito. Perché fosse apprezzato veramente c'è voluto infatti del tempo.

Tanto aveva colpito l'immaginazione degli europei al suo arrivo, tanto era finito poi in una zona d'ombra. E lì è rimasto, per cento, centocinquant'anni, perché c'era chi pensava facesse male e lo guardava con sospetto; chi credeva fosse commestibile ma lo considerava di cattiva qualità, una di quelle cose da farsi piacere, da consumare se proprio in casa non c'era altro. A un certo punto qualcuno aveva pensato anche che avesse poteri afrodisiaci, e così il pomodoro era scivolato quasi nella stregoneria, come ingrediente per intrugli e filtri d'amore. Piano piano, però, si era capito che non faceva male. Non solo: poteva diventare una grande risorsa. Ecco allora che nei primi ricettari del Seicento spuntano preparazioni a base di questo ortaggio, spesso ricette di sughi o salse ricche, per accompagnare carni, polpette e formaggi. Ed è solo l'inizio: da quel momento in avanti, infatti, verrà sfruttato sempre più. Verso la fine del Settecento in Italia andrà a colorare la pasta, sostituendosi piano piano al tradizionale condimento bianco a base di formaggio e spezie. E naturalmente cambierà faccia alla pizza, anche lei bianca in origine, che si trasformerà fino a essere codificata (siamo quasi alla fine dell'Ottocento) nella Margherita che tutti conosciamo. Pasta e pizza sono forse gli esempi più tipici della nostra cucina, ma ci sono tantissimi altri abbinamenti e possibilità in cui questo ingrediente si può usare: cotto, concentrato, liquido, sotto forma di succo, di polpa o di pelati. Può diventare una salsa, può servire per preparare un sugo, magari con l'aggiunta di un fondo bruno (p. 233) e di qualche aroma, e ancora si può candire e fare dolce, si può essiccare, si può conservare sott'olio, ed è sempre buonissimo. Da un pomodoro verde posso preparare una conserva oppure un chutney. E poi, in generale, davanti a questo ingrediente posso decidere se partire per una trasformazione, o utilizzarlo in purezza. Lo potrò servire allora in un classico spaghetto, che è una delle cose che in assoluto amo di più (ne trovate una variante sul tema a p. 226 con gli *Spaghettoni con pomodoro nero e colatura di alici*), oppure a crudo, giusto con un pizzico di sale e un po' di olio. A quel punto davvero non avrò bisogno di tanto altro; un piatto di pomodoro con il suo condimento è un piatto fatto e finito. Naturalmente la materia prima dovrà essere sempre di qualità, e molto fresca, per poter esprimere in bocca tutta la dolcezza, la freschezza e la sua lieve acidità, per darmi la possibilità di ritrovare il sole che l'ha nutrito, riempito, fatto maturare. A dimostrazione di come con il tempo sia diventato una pietra miliare di tutta la cucina, non solo di quella mediterranea, lo ritroviamo in moltissimi abbinamenti, con la carne, con il pesce, con le verdure, con il riso. Noi ve lo proponiamo nella *Salsa barbecue* (p. 212), che è un condimento tipico americano, con una nota agrodolce e una consistenza che trovo fantastiche. È un accompagnamento perfetto per fritti, griglia, carne, pesce. Dentro al mondo del pomodoro ci sono poi grandi varietà con cui ci si può sbizzarrire. Ci sono i Pachino, sapidi e intensi, o i datterini, piccoli e dolci, che ritrovate per esempio nel *Riso mantecato* a pagina 219, in abbinamento con il cumino. E poi abbiamo i San Marzano, che rendono bene in cottura e sono quelli che si usano di solito per i pelati. Noi li abbiamo sfruttati per preparare una verdura farcita, un piatto che a volte è un po' sottovalutato e invece merita di essere riscoperto e ripensato. Se volete, provate anche voi nel *Pomodoro San Marzano farcito, grissini, ricotta e origano* (p. 215). Nella nostra carrellata c'è anche il ramato, una varietà comune che cresce in grappolo ed è molto versatile, di solito si serve a crudo in insalata ma va bene anche cotto, come nel *Pesce al forno e salsa mediterranea* (p. 222). Il Cuore di bue è un'altra tipologia molto bella che si apprezza al meglio a crudo; poi c'è il pomodoro giallo, che è di gran moda oggi e sembra una novità, ma in realtà non fa che riportarci alle origini dell'ingrediente e della parola, perché quel "pomo d'oro" (o "Mela aurea"), come veniva chiamato secoli fa, non è che un riferimento ai pomodori gialli arrivati in Spagna con le navi di Colombo. E ancora, troviamo il pomodoro camone, dalla caratteristica sfumatura bruna, con una nota acida molto gradevole, o il pomodoro del piennolo, che è tipico di tutta la zona del Vesuvio e si può consumare fresco o conservato in grappoli che vengono appesi e sono un ornamento fantastico. Dura dei mesi, per cui perde la consistenza e la compattezza del frutto fresco ma acquista un gusto eccezionale che si può sfruttare per sughi e condimenti. Nella *Paletta di manzo* (p. 230) il pomodoro Piccadilly, famoso per dolcezza, sapidità e per la consistenza delicata della sua buccia, viene utilizzato per fare una cottura lunga, in abbinamento al fondo bruno e al basilico. Nel *Trancio di baccalà al vapore* (p. 234) ricaviamo invece una salsa molto concentrata profumata al pepe di Sichuan, con cui andiamo ad accompagnare il pesce nel piatto. Tutto questo viaggio serve per ricordarci che il pomodoro è una materia prima straordinaria, con una profondità e una versatilità incredibili, ed è anche una storia molto bella che si rinnova ogni volta in cui il suo profumo entra in casa nostra per il pranzo e riempie la cucina, sposandosi con la cipolla e l'olio, unendosi al sale e al pepe per celebrare "le nozze del giorno", come scrive Pablo Neruda in una poesia bellissima, che è forse l'omaggio più alto alla ricchezza di questo ingrediente.

SALSA BARBECUE

La salsa barbecue è un grande classico della cucina americana che si usa come accompagnamento a tantissimi piatti. Si abbina alla carne, al pesce, alle uova ma va bene anche con le verdure e le preparazioni alla griglia o alla brace. Al ristorante ci piace servirla con gli arancini ed è fantastica. La nostra versione in realtà è un po' più leggera rispetto all'originale. Se la provate con un fritto, per esempio con le patate, sentirete che ha una nota agrodolce, molto bella, che avvolge la grassezza della frittura ma non è eccessiva. E poi è morbida e vellutata in bocca e crea un contrasto fantastico con la croccantezza e la sapidità delle patate. Se ci mettete poi del peperoncino, avrete quella giusta nota di piccante che completa l'assaggio alla grande.

INGREDIENTI PER 4 PERSONE

40 g di cipolla rossa di Tropea • 1 spicchio di aglio • olio extravergine di oliva • 30 g di aceto di vino bianco • 125 g di pomodori pelati frullati (in alternativa, passata di pomodoro) • 5 g di concentrato di pomodoro • 25 g di senape tradizionale in crema • 20 g di burro • 25 g di zucchero di canna • 2 gocce di tabasco rosso • 3 gocce di salsa Worcester • peperoncino in polvere (facoltativo) • sale • pepe nero

PREPARAZIONE E COTTURA: 45 MINUTI

Per questa versione della salsa barbecue cominciate ad affettare la cipolla sottilmente, poi mettetela a rosolare in una padella con un po' di olio e lo spicchio di aglio in camicia. Quando vede-

te che la cipolla comincia a dorare, sfumate con l'aceto e lasciate evaporare. Unite i pelati frullati, il concentrato di pomodoro, la senape, il burro, lo zucchero e una macinata di pepe. Mescolate di tanto in tanto e cuocete a fuoco dolce con il coperchio. Contate 15 minuti, poi alzate leggermente la fiamma e continuate la cottura a fuoco vivo, questa volta senza coperchio, per altri 5 minuti. Spegnete, lasciate la pentola a riposo (lontano dal fuoco) per un paio di minuti, quindi frullate la salsa aggiungendo il tabasco e la salsa Worcester. A questo punto, se volete, potete unire il peperoncino, ma il mio consiglio è di assaggiarlo sempre prima (e di assaggiare naturalmente anche la salsa), per rendervi conto di quanto ne va messo. Dovrete ottenere alla fine una salsa liscia e omogenea, che andrete a regolare di sale e a raffreddare velocemente (potete aiutarvi raccogliendola in un contenitore e mettendolo in una bacinella con ghiaccio).
Servite, oppure conservate in frigorifero.

PER CONSERVARE LA *SALSA BARBECUE*

Potete preparare una quantità più abbondante di salsa e conservarla negli speciali sacchetti per il sottovuoto. Se non avete la macchina per il sottovuoto potete ricorrere ai vasetti di vetro a chiusura ermetica: chiudeteli e sterilizzateli in acqua bollente per 15-20 minuti, come si fa con le conserve.

POMODORO SAN MARZANO FARCITO, GRISSINI, RICOTTA E ORIGANO

Le verdure ripiene sono una peculiarità dell'estate, quel che si dice un must. La nostra più famosa è la Zucchina farcita con crema all'olio e fiori di rosmarino, *un piatto storico del ristorante che ha quasi dieci anni alle spalle. Senza strafare, si può realizzare anche qualcosa di più semplice e veloce, come questo pomodoro San Marzano. L'obiettivo sarà sempre quello di valorizzare al massimo la preparazione, perché, anche se è una verdura (e anche se è farcita), va fatta a regola d'arte. Con questa ricetta, fra l'altro, prendiamo due piccioni con una fava, e cioè portiamo in tavola qualcosa di buono e saporito e recuperiamo anche i grissini vecchi, cercando di dare loro una seconda vita.*

INGREDIENTI PER 4 PERSONE

4 pomodori San Marzano • 300 g di ricotta fresca • 30 g di Parmigiano Reggiano grattugiato • 30 g di grissini rotti, secchi o avanzati • 1 mazzetto piccolo di origano fresco • 1 cucchiaio di olio extravergine di oliva • 20 g di ricotta salata • sale • pepe bianco

PREPARAZIONE E COTTURA: 30 MINUTI

Incidete i pomodori alla base, formando una piccola croce. Immergeteli per 20 secondi in acqua bollente, scolateli e passateli subito in acqua e ghiaccio. Quando saranno raffreddati, eli-

minate la pelle e sciacquateli sotto l'acqua corrente. Portate i pomodori sul tagliere e tagliateli in senso longitudinale a circa tre quarti dell'altezza. Privateli della parte superiore, in modo da ricavare una barchetta, e scavate la polpa tenendola da parte e recuperandone i succhi.
Riunite in una ciotola la ricotta fresca, il Parmigiano Reggiano, la polpa dei pomodori battuta a coltello e il loro succo, quindi lavorate il composto aggiustando di sale e pepe. Aggiungete a questo punto anche i grissini rotti, qualche fogliolina di origano spezzata con le mani e finite con l'olio. Per la consistenza della farcia, regolatevi in base alle caratteristiche degli ingredienti che avete. Per esempio, se state lavorando una ricotta piuttosto asciutta, potete rendere più fluido il composto aggiungendo una quantità più generosa di succo di pomodoro. Se al contrario tende a essere molto acquosa, restate un po' indietro con il succo, o la farcia risulterà troppo molle e in cottura si lascerà andare. In alternativa, potete darle consistenza integrando nel ripieno una dose più ricca di grissini. Riempite i pomodori con la farcia e cospargeteli con la ricotta salata che avrete precedentemente grattugiato con la grattugia a fori larghi.
Cuocete i San Marzano a forno caldo a 180 °C per 5 minuti. Serviteli subito, oppure lasciateli riposare e portateli in tavola tiepidi.

DUE VARIANTI PER IL *POMODORO FARCITO*

Le verdure farcite sono spesso un po' tristi perché vengono prese sottogamba, quasi fossero piatti di serie B. Invece bisognerebbe trattarle con il dovuto rispetto e pensarle come preparazioni capaci di esaltare le verdure, di valorizzarle al massimo. Non sono complesse da fare, ma richiedono tanto tempo e diversi passaggi. Il mio consiglio è di prepararne 2 o 3 al massimo; se sceglïete una melanzana, una zucchina o un pomodoro, potete poi farcirli con una carne, del pesce, con la ricotta, o anche solo con altre verdure. Una volta finito, avrete un piatto completo. In ogni caso, l'importante è la cura: scegliete le verdure con attenzione, prendetele della forma e della misura adatte e naturalmente cuocetele al momento. Se le servite fredde, potete anche cuocerle prima, ma non fate l'errore di farcirle e conservarle in frigo per cuocerle il giorno dopo. L'altra cosa da tenere bene a mente è imparare a giocare al meglio con le consistenze, scegliendo un ripieno che si abbini bene al tipo di verdura che vogliamo farcire. Per esempio, in questa ricetta noi abbiamo usato la ricotta e i grissini, ma con il pomodoro San Marzano si può usare bene anche un pesce, per esempio il nasello mantecato che trovate a pagina 152. O ancora un tonno fresco, magari servito a crudo. In questo caso cuocete prima il pomodoro con il suo ripieno di aromi e poi finitelo con il tonno tagliato grossolanamente, condito appena con dei capperi e un po' di succo fresco di arancia.

RISO MANTECATO, POMODORI DATTERINI, CUMINO E LIMONE

Questo piatto nasce da una ricetta che serviamo al ristorante, l'abbiamo in carta da un po' di tempo e viene sempre molto apprezzata. La base, in realtà, è molto semplice, perché si ispira al "riso rosso" dei bambini, il riso al pomodoro per intenderci. Mentre però nel riso rosso il pomodoro è cotto insieme al risotto, qui rimane a crudo, ed è forse il modo migliore per valorizzare una materia prima eccellente come il datterino. Con quel suo profumo inconfondibile e quella nota fresca ma anche dolce, questo pomodoro incarna per me proprio il sapore intenso dell'estate. Nei piatti, alla fine, abbiamo l'aggiunta del cumino che esalta il pomodoro, lo riempie di gusto in maniera fantastica. Quando usate questa spezia, ricordatevi sempre di tostarla leggermente prima e di passarla al coltello poi (se ce l'avete, rompetela nel mortaio): così facendo darà ai vostri piatti un sapore indimenticabile.

INGREDIENTI PER 4 PERSONE

60 g di pomodori datterini • 1 scalogno piccolo • 200 g di riso Carnaroli • 50 g di vino bianco • 60 g di burro • 80 g di mascarpone • 60 g di Parmigiano Reggiano grattugiato • 25 g di olio extravergine di oliva per la cottura + 15 g per la mantecatura • 5 g di aceto di vino bianco • qualche foglia di basilico • 5 g di cumino tostato e tagliato a coltello • 1 limone non trattato • sale

PREPARAZIONE E COTTURA: 35 MINUTI

Come prima operazione, lavate i datterini e raccoglieteli nel bicchiere del frullatore, poi fateli andare alla velocità massima in modo da ottenere una salsa ben omogenea, emulsionata e consistente. Aggiustate di sale e filtrate con il colino, quindi lasciate a riposo in frigorifero. In un tegame fate appassire lo scalogno con poco olio e burro, poi unitevi il riso e fatelo tostare. Sfumatelo con il vino bianco e portatelo a cottura come se fosse un risotto tradizionale, solo che al posto del brodo userete l'acqua bollente. Una volta che sarà cotto, mantecatelo con il burro, il mascarpone, il Parmigiano Reggiano, l'olio e l'aceto. Da ultimo aggiungete il basilico tagliato a julienne fine. In un piatto piano stendete il riso, che dovrà risultare morbido e mantecato, e finitelo con la salsa di datterini, il cumino e una grattugiata di scorza di limone.

UNA VARIANTE AL PESTO PER IL *RISO MANTECATO*

Per chi non ama le spezie (ammesso che ancora ci sia qualcuno che non le ama), è possibile sostituire il cumino con il pesto. Come da ricetta portiamo il riso a cottura, poi lo mantechiamo con burro e Parmigiano Reggiano. Alla fine incorporiamo un cucchiaio abbondante di pesto (circa 20-25 g), aggiungiamo un po' d'olio a filo, lasciamo riposare e finiamo come da ricetta con la salsa di datterini e la scorza di limone.

PESCE AL FORNO E SALSA MEDITERRANEA

In questo piatto sfruttiamo il pomodoro ramato per preparare una salsa leggera, in accompagnamento a un pesce altrettanto leggero. Noi abbiamo usato il pagello fragolino, dalla caratteristica sfumatura rossa, ma va benissimo un'orata o un altro pesce della stessa famiglia, quella degli sparidi. La cosa importante è che sia bello. E non parlo solo del lato estetico (che ovviamente ha la sua parte perché ci dice molto della freschezza e della qualità del nostro prodotto): in generale un pesce è bello quando è stato trattato bene, quando non ha preso colpi e non è stato congelato, quando non ha subito sbalzi di temperatura. Ed è bello, ovviamente, se è di stagione, perché ogni varietà ha il suo tempo, legato al ciclo riproduttivo. Quindi, se usate il pagello, ricordate che è un pesce che è meglio comprare e mangiare in autunno; se optate per un'orata, evitate l'autunno e consumatela invece in primavera, estate e inverno.

INGREDIENTI PER 4 PERSONE

1 pagello fragolino di circa 2 kg • 8-10 pomodori ramati • 1 mazzetto di maggiorana • 2 arance non trattate • 1 limone • 1 spicchio di aglio • olio extravergine di oliva • sale • pepe

PREPARAZIONE E COTTURA: 1 ORA

Incominciate a preparare il pagello per la cottura: privatelo delle squame e incidetelo lungo il ventre per togliere le interiora. Risciacquatelo sotto l'acqua corrente, quindi tamponatelo

delicatamente con la carta assorbente per asciugarlo. Sbollentate i pomodori per una ventina di secondi in acqua, poi scolateli, lasciateli intiepidire e tagliateli a concassé. Conditeli con sale, pepe, un cucchiaio di olio, la maggiorana, il succo delle arance e le loro scorze (che avrete precedentemente tagliato a julienne e sbollentato per tre volte in acqua). Riponete la salsa mediterranea in frigo, coperta dalla pellicola per alimenti, dove la lascerete a macerare per 30 minuti.
Nel frattempo sistemate il pesce in una pirofila, conditelo con un cucchiaio di olio extravergine di oliva, un po' di sale e 2-3 rondelle di limone, che gli metterete nella pancia insieme allo spicchio di aglio e a un rametto di maggiorana. Cuocete in forno caldo a 180 °C per 20 minuti, poi sfornate, cospargete con la salsa mediterranea e lasciate riposare per i successivi 5 minuti a forno spento con lo sportello però appena aperto. Completate con un giro di olio a crudo a piacere e servite.

UNA VARIANTE PER IL *PESCE AL FORNO*

Il fatto di cuocere un pesce sulla sua lisca gli dà molto più gusto ed evita di asciugarne troppo le carni. Il pesce intero poi è fantastico da portare in tavola per essere condiviso. La cosa più bella è riuscire a servirlo evitando le spine, perciò, una volta cotto, ci vuole un po' di manualità. Per prima cosa dovete togliere la pelle con delicatezza (senza rovinare la polpa), dopodiché provate ad aprire i filetti a metà, facendo attenzione quando vi muovete dalle parti della pancia, perché lì ci sono sempre più spine. Se volete fare i fenomeni, per la salsa potete provare una variante con il pomodoro giallo, che adesso va di gran moda. In questo caso però non dimenticate di aggiungere una nota sapida, come un cappero o un po' di bottarga, in modo da riequilibrare il gusto. Il pomodoro giallo infatti è molto dolce, non ha quasi acidità, perciò va sempre bilanciato con qualcosa di più saporito.

SPAGHETTONI CON POMODORO NERO E COLATURA DI ALICI

In Italia di pasta ne consumiamo tantissima, soprattutto quando siamo bambini. Crescendo spesso la snobbiamo perché ci dicono che è pesante e non fa bene. Ma questo è un po' un errore. La pasta è un alimento buonissimo e ha valori nutrizionali eccellenti. Come sempre la differenza la si fa quando si sceglie un prodotto di qualità e allora abbiamo fibre, vitamine, un indice glicemico più basso rispetto agli altri carboidrati e naturalmente un sacco di energia. Lo sanno gli atleti e i ciclisti che prima di una gara ne mangiano in quantità (ciclisti e fondisti anche a colazione), perché è digeribile e dà la carica. Io non sono un ciclista, ma ne mangio anche di più, perché la trovo fantastica, soprattutto quando è al dente (non come si usa fare al Nord, ma "al dente" come si usa fare al Sud, cioè molto indietro, quasi... croccante) appena scolata, servita magari con un pizzico di peperoncino. Oppure con un condimento semplice come in questo piatto, una delle tante varianti della nostra italianissima pasta al pomodoro.

INGREDIENTI PER 4 PERSONE

280 g di spaghettoni • 150 g di pomodoro camone nero • 3 cucchiai di colatura di alici • 1 scalogno piccolo • 1 spicchio di aglio • 4 foglie di menta • olio extravergine di oliva • sale grosso • pepe

PREPARAZIONE E COTTURA: 25 MINUTI

In una pentola portate a bollore l'acqua per la pasta, ricordando che dovrà sempre essere abbondante. Mai lessare la pasta in poca acqua, o non verrà mai buona. Quando bolle, salatela e tuffatevi gli spaghettoni. Per quanto riguarda il sale, tenetevi un po' indietro; in questa preparazione per arricchire il condimento usiamo la colatura di alici che è già molto sapida, per cui attenzione a non esagerare. Lavate i pomodori e tagliateli a metà; se sono pomodori grandi, potete regolarvi ricavandone 4 falde. Tagliate lo scalogno a julienne e fatelo appassire in padella con un cucchiaio di olio extravergine di oliva e lo spicchio di aglio in camicia. Una volta che l'olio si sarà insaporito, togliete l'aglio, alzate la fiamma e aggiungete i pomodori, che dovranno rosolare bene senza però buttare fuori l'acqua. Fateli andare per qualche minuto, poi abbassate il fuoco e irrorate il condimento con un bicchiere di acqua naturale e ½ bicchiere di acqua della pasta. Continuate la cottura a fuoco dolce, poi aggiungete la colatura di alici e regolate di pepe.

Lessate gli spaghettoni in abbondante acqua salata, quando sono bene al dente scolateli e trasferiteli nella padella con il loro condimento. Fateli andare per un minuto o 2, quindi unite la menta tagliata a julienne. Servite completando con un filo di olio extravergine direttamente nel piatto.

UNA VARIANTE PER GLI *SPAGHETTONI ALLA COLATURA DI ALICI*

Se volete dare ai vostri spaghettoni un tocco unico, potete provare a scolarli un po' in anticipo rispetto ai tempi indicati sulla confezione, avendo cura di tenere da parte un po' della loro acqua di cottura. Unite quindi la pasta al condimento, alzate leggermente la fiamma e finite di cuocere gli spaghettoni direttamente nella padella. Se vedete che il pomodoro tende ad asciugare, correggete aggiungendo un po' di acqua di cottura, lasciatela assorbire ed eventualmente ripetete l'operazione finché non otterrete una pasta al dente, perfettamente mantecata. A questo punto assaggiate, per capire se siete a posto con il sale, quindi procedete come da ricetta. Noi abbiamo finito il piatto con la menta, ma se preferite, potete sostituirla all'ultimo con un po' di peperoncino, che darà ai vostri spaghettoni un tocco diverso, ma sempre molto accattivante.

PALETTA DI MANZO BRASATA CON SALSA ITALIANA, PATATE E FAGIOLINI

La paletta è un taglio con una carne mista: è ottima per fare il brasato con il vino rosso e le verdure, a cui possono essere aggiunti, come da tradizione, funghi, spezie e aromi. Noi però la proponiamo in una versione alleggerita, in cui la si cuoce solo con pomodoro e basilico, due ingredienti abbastanza complessi, in grado di reggere una salsa di carne. Abbiamo anche una piccola parte di fondo bruno che ci serve ad arricchire, legare e dare consistenza al condimento. Il risultato è un piatto fedelissimo al brasato nella cottura, ma fresco e molto italiano nel gusto.

INGREDIENTI PER 4 PERSONE

300 g di pomodori Piccadilly • 1 cipolla • 1 mazzo di basilico • 4 patate medie • 1 kg di paletta di manzo • 1 spicchio di aglio • 2 cucchiai di fondo bruno o sugo di carne • 180 g di fagiolini verdi • 50 g di vino bianco • 20 g di burro • olio extravergine di oliva • sale • pepe bianco

PREPARAZIONE E COTTURA: 2 ORE E 15 MINUTI

Per organizzare il lavoro al meglio preparate le verdure che serviranno per la salsa italiana, pelate i pomodori dopo averli sbollentati per 10 secondi e tuffati subito in una bastardella riempita con acqua e ghiaccio. Tagliateli a metà e metteteli da parte. Pelate la cipolla e tagliatela a julienne. Lavate, sfogliate e asciugate il basilico su un panno pulito. Per le verdure di

guarnizione, lavate le patate e lessatele intere. Quando saranno cotte, scolatele, lasciatele intiepidire, privatele della buccia e passatele nello schiacciapatate, allargandole su una teglia, in modo che si raffreddino più velocemente. Quindi riunitele in una bacinella e conditele, impastandole con olio extravergine e un pizzico di sale. Mondate i fagiolini, cuoceteli in acqua salata per 5 minuti. Scolateli, quindi completate la cottura dorandoli in una casseruola con il burro e un po' di pepe bianco. Ungete la paletta di manzo con un po' di olio, quindi cospargetela con sale e pepe. Fatela andare in padella a fuoco vivo rosolandola in maniera omogenea su tutti i lati (è la reazione di Maillard, ve la ricordate?). Togliete la carne dalla pentola e tenete da parte. Nel frattempo in una casseruola alta (che possa andare anche in forno) fate appassire la cipolla con lo spicchio di aglio, unitevi la carne, portate a temperatura, quindi sfumate con il vino bianco e lasciate evaporare. Aggiungete i pomodori a pezzi, versate acqua e fondo bruno finché la carne non sarà quasi coperta. Per ultimo aggiungete il basilico. Mettete il coperchio (oppure coprite la pentola con un foglio di alluminio) e infornate in forno caldo a 190 °C per un'ora e mezzo.
A cottura ultimata, quando la carne sarà ben cotta e morbida, toglietela dal forno, appoggiatela su un tagliere e lasciatela stemperare. Una volta intiepidita, affettatela (senza romperla), poi decidete se riportarla a temperatura con la salsa, o lasciarla sulla bocca del forno fino al momento di servire.
Per la salsa potete fare in due modi. Per una consistenza più rustica: riprendete la casseruola in cui avete cotto la carne e in cui è rimasto il condimento. Cercate di togliere più basilico possibile, poi portate sul fuoco, fate bollire fino a ispessire la

salsa che dovrà essere densa, ruvida e molto concentrata. Possibilità numero due, più raffinata: frullate gli ingredienti rimasti nella casseruola e passate la salsa al colino fine, anche due volte se necessario. Poi riportate sul fuoco e lasciate ridurre finché non avrete una salsa ben lucida e concentrata. Disponete la carne nei piatti, nappandola con la salsa, e accompagnate con le patate e i fagiolini.

IL FONDO BRUNO

In questa ricetta troviamo il fondo bruno, che è una base, un fondamentale, una di quelle cose che si usano in cucina per insaporire, ispessire e dare un tocco in più a molte preparazioni. Per farlo ci vuole tempo, bisogna partire dalle ossa o dagli scarti di carni rosse (in alcuni casi anche di selvaggina), che vengono prima tostati in forno con aglio e alloro, poi rosolati in pentola (deglassando bene il fondo prima) con l'aggiunta di cipolla, sedano e carote tagliate a cubetti. Si prosegue aggiungendo abbondante acqua, pomodoro, sale e odori e si cuoce poi il tutto diverse ore schiumando e facendo sobbollire i liquidi finché non si riducono almeno della metà. Alla fine si toglie dal fuoco, si filtra e si può conservare in frigo per qualche giorno. Il mio consiglio, però, è di trasferirlo in contenitori adatti alla conservazione e di metterlo nel congelatore, in modo da averlo sempre a portata di mano per quando serve.

TRANCIO DI BACCALÀ AL VAPORE, SALSA DI POMODORO E PEPE DI SICHUAN

In questa ricetta usiamo i pomodori pelati San Marzano, che sono i pelati per eccellenza. I più buoni sono sempre quelli artigianali e naturalmente se li fate voi in casa non ci sarà niente di meglio. Qui ci servono a preparare una salsa concentrata e saporita, che fa da base per il baccalà profumato al pepe, altro protagonista del piatto. Il pepe di Sichuan è probabilmente una delle varietà più conosciute e di moda; è legato a una regione della Cina che dà il nome anche a un tipo di cucina tradizionale, molto antica. La sua particolarità è di essere un pepe a bacca, vuoto, che non si trita ma si usa intero. E, a mano a mano che si mastica, sprigiona sotto i denti un sapore molto caratteristico, intenso e al tempo stesso fresco, quasi balsamico.

INGREDIENTI PER 4 PERSONE

1 scalogno • 1 spicchio di aglio • 600 g di pomodori pelati San Marzano • 4 tranci di baccalà dissalato già ammollato • 10 g di pepe di Sichuan • 10 foglie di sedano (meglio quelle del cuore, più tenere) • olio extravergine di oliva • sale

PREPARAZIONE E COTTURA: 45 MINUTI

Pulite lo scalogno e tagliatelo finemente, poi mettetelo in un tegame e fatelo rosolare con l'aglio in camicia. Quando lo scalogno sarà ben appassito, unitevi i pelati e 3-4 cucchiai di acqua, regolate di sale e lasciate stufare per circa 30 minuti, in modo da ottenere una salsa ben concentrata. Poi toglietela dal fuoco, passatela al setaccio fine e tenetela da parte. Togliete la pelle al baccalà, conditelo con un filo di olio extravergine di oliva, mettete sopra a ciascun trancio 3 grani di pepe (leggermente schiacciati) e cuocete a vapore per circa 5-7 minuti (il tempo dipenderà ovviamente dalla grandezza del trancio). Poco prima di servire, montate la salsa di pomodoro aggiungendo un cucchiaio abbondante di olio extravergine di oliva; frullate con il frullatore a immersione in modo da emulsionare bene il tutto.

Sul fondo di ogni piatto versate 2 cucchiai di salsa, adagiatevi il trancio di baccalà e terminate con qualche foglia di sedano condita con olio e sale.

UN'ALTRA SALSA DI POMODORO PER IL *BACCALÀ*

In questa preparazione facciamo una cottura ingrediente per ingrediente, ma la ricetta viene da un piatto tradizionale, il baccalà in umido, dove la materia prima (pesce, pomodoro, cipolla) è cotta tutta insieme nella pentola di terracotta. È possibile riprendere questo procedimento per preparare una salsa di accompagnamento al pesce molto concentrata. Come prima cosa, se mai aveste messo delle carcasse di pesce nel congelatore pensando "non si sa mai" (!), tiratele fuori. Poi fate un fondo di scalogno e rosolatelo con aglio e olio, unite gli scarti di pesce scongelati (lisca, testa, coda...), aggiungete sedano, mezzo peperone rosso, fate andare a fuoco dolce e unite un cucchiaino da caffè di pepe di Sichuan e assaggiate. Bagnate con 3-4 cucchiai di passata di pomodoro e un po' d'acqua. Portate a bollore, lasciando ridurre la salsa: ci vorranno 15-20 minuti. Frullate tutto in maniera grossolana, in modo da estrarre al meglio sapori e profumi, quindi passatela al colino cinese e poi di nuovo al setaccio a maglia sottile. Emulsionate la vostra salsa con un po' di olio e accompagnatela al pesce. È splendida per nappare un nasello, un baccalà o un pesce bianco e dargli un tocco in più.

MELE

Quando si dice “mela”, subito ci vengono in mente cose diverse: Guglielmo Tell e Biancaneve, il Paradiso Terrestre e la città di New York.

Facilmente penseremo anche all’icona impressa sui computer di un’azienda ormai entrata nel mito, e ancora di più, almeno per me, alla mela avvelenata con cui morì Alan Turing, il geniale matematico inglese considerato il padre dell’informatica. A lui, tra le altre cose, si deve la decifrazione dei codici segreti con cui i tedeschi comunicavano durante la Seconda guerra mondiale. Sicuramente la mela è iconica ed evocativa, comune e al tempo stesso speciale; la ritroviamo in tanti proverbi e modi di dire, ed è un oggetto democratico, quotidiano (c’è sempre quell’adagio: “Una mela al giorno toglie il medico di torno”), pieno di risorse. È anche un po’ un pretesto, se volete, perché, non fosse stato per questo frutto a causa del quale nel nostro immaginario Adamo ed Eva furono cacciati dal giardino dell'Eden, non sarebbe esistita la civiltà e men che meno la cucina, in cui la mela ha tantissimi utilizzi. Di sicuro si tratta di un ingrediente antichissimo, diffuso nel Mediterraneo da millenni, presente e amato in tutte le cucine del mondo. Per le sue proprietà, la sua digeribilità, il suo sapore buono e il basso contenuto di elementi allergizzanti, è il primo frutto che viene dato ai bambini, spesso il primo cibo solido che si mangia dopo il latte. E qualche volta rimane un ricordo di grande dolcezza. Io, per esempio, quando devo immaginare la mia mela preferita, torno sempre a quella dell'infanzia, quella cotta al forno con la buccia; quando mia mamma la faceva era fantastica, perché aveva sempre un po' di zucchero sopra (erano le famose zollette, una cosa un po' vintage, ma molto bella), e lo zucchero, per effetto del calore, caramellava e la rendeva squisita. La parte più buona, naturalmente, era la buccia, soprattutto quando si mangiava tiepida, perché, cuocendo, il succo si riduceva diventando leggermente sciropposo e la pelle prendeva una consistenza e un sapore unici, con un'acqua leggermente gelatinata, che adoravo e che tuttora mi fa impazzire.

La mela che preferisco a crudo è la Fuji: con la buccia rosso brillante dalle sfumature giallo-arancioni. Ma, certo, di mele ne esistono tantissime; si dice che ce ne siano più di 2000 varietà, alcune molto famose, come la Granny Smith, la mela verde per eccellenza, selezionata in Australia nell'Ottocento, ma arrivata in Inghilterra solo negli anni Trenta, e in America negli anni Settanta. Rinomata per la sua freschezza e la sua inconfondibile acidità, in cucina è perfetta per farne dei succhi (è forse quella che in assoluto ci consente di ottenere le estrazioni migliori), o per preparare dei sorbetti. Noi, però, ve

la proponiamo in una veste un po' insolita, e cioè cotta, come potete sperimentare nella *Crema di mele verdi, palamita scottata e sesamo* (p. 244); nella preparazione vedrete che viene proprio messa in pentola con acqua, olio e capperi e poi ridotta in crema: prende una consistenza molto morbida, conservando l'aspetto rinfrescante al palato e acquistando anche una lieve sapidità che la rende unica.
Un altro esempio è la Golden Delicious, dalla buccia gialla e dalla polpa dolce, con una texture leggermente farinosa quando è matura, più croccante e succosa quando invece è un po' indietro. È forse una delle mele più comuni e conosciute, si trova sul mercato tutto l'anno e si usa volentieri nei dolci, come nelle nostre *Frittelle di mela e ricotta alla cannella* (p. 257).
Nella grande famiglia dei "frutti proibiti" ritroviamo in realtà tantissime sfumature di gusto, perché abbiamo mele acide e dolci, aromatiche, speziate, profumate e sapide. C'è anche una varietà molto originale, nata in Germania, che si chiama Goldparmäne: ha buccia gialla e striature rosse, e spicca per il suo sapore fruttato e per l'aroma di noce molto caratteristico.
E poi ci sono mele ottime da consumare a crudo e altre che si prestano perfettamente alla cottura, penso alle Renette, dalla buccia rugosa e con macchie color ruggine sulla buccia, che sono le mele per antonomasia da usare nelle torte. Oppure le Cotogne, poco dolci, che danno pochissima soddisfazione come mele da pasto ma sono fantastiche in cottura e si usano per addensare marmellate, ma anche per preparare la mostarda e la cotognata, nella sua doppia versione morbida e dura.
Comunque la si interpreti, la mela si può fare in tutti i modi: cruda, cotta, conservata, sotto forma di dessert o di prepara-

zione di pasticceria o, ancora, protagonista di un piatto salato. La si può ritrovare nelle insalate, dove porta croccantezza e freschezza, come nell'*Insalata di mele marinate, Asiago e noci* (p. 247). Oppure la si può mettere al centro di un primo, come nel *Riso mantecato al sesamo nero e mela* (p. 250). Ma non solo. In molti secondi è usata per farcire, guarnire o accompagnare carni ricche, succulente, cariche di sapore. Si può anche sfruttare per glassare, ed ecco che nelle *Costine di maiale alle mele rosse e senape con rape arrosto* (p. 253) ne facciamo una salsa agrodolce deliziosa con la quale ammorbidire una carne già arrostita. Naturalmente non dobbiamo dimenticare che la mela è anche il punto di partenza per ottenere bevande fantastiche, come liquori e distillati. L'esempio più famoso è forse il Calvados, una bevanda tipica della Normandia, che si ottiene dalla distillazione delle mele e che fa la sua comparsa nella nostra *Torta di mele e zabaione al Calvados* (p. 261). Ma ne abbiamo di meravigliosi anche noi, su tutto l'arco delle Alpi. Se poi andiamo a far fermentare il succo di mela ricaviamo il sidro, una bevanda che amo molto, servito fresco o freddo, con un effetto di astringenza spinto al massimo dalla presenza di anidride carbonica. E se poi lasciamo fermentare anche il sidro ricaviamo l'aceto di mele, che ha un sapore deciso e qualità disinfettanti, antibatteriche, disintossicanti. Insomma, che sia solida, morbida o liquida, sotto forma di succo o di distillato; che si faccia cotta o cruda, la mela in cucina è un po' la sfida, la capacità di tirare fuori qualcosa di originale a partire da un ingrediente molto semplice. È la creatività, l'inventiva, l'invito a trovarle una destinazione diversa e non scontata, ogni volta nuova.

CREMA DI MELE VERDI, PALAMITA SCOTTATA E SESAMO

Questo è un piatto abbastanza semplice; tecnicamente non ha grandi complessità e si può servire come antipasto o come piatto estivo. Nel caso in cui vi faceste aiutare dal pescivendolo per pulire il pesce, la preparazione filerà ancora più liscia. Se trovate la palamita, perfetto. Altrimenti potete usare un tonno o un alletterato che, grazie alle loro carni leggere e saporite, andranno bene comunque. Qui una cosa molto bella è l'aggiunta del sesamo tostato, una spezia che dà al piatto quel gusto un po' orientale, quella sfumatura di sapore caratteristica, che arricchisce il pesce e si accompagna perfettamente alla crema di mela.

INGREDIENTI PER 4 PERSONE

6 mele Granny Smith • 5 g di capperi sotto sale • 10 g di olio extravergine di oliva • 300 g di palamita • 50 g di sesamo nero • 4 rametti di ribes rosso • 40 g di zucchero semolato • sale

PREPARAZIONE E COTTURA: 30 MINUTI

Per prima cosa preparate la crema, perciò pelate le mele e tagliatele a spicchi eliminando il torsolo. Mettetele in una casseruola con i capperi, l'olio extravergine e un pizzico di sale. Aggiungete dell'acqua, facendo in modo che arrivi circa a metà del contenuto della pentola. Accendete il fuoco e con un disco di carta da forno dello stesso diametro della pentola coprite

con cura il contenuto. Tutto questo servirà a evitare che le mele ossidino troppo rapidamente, conservando al contrario un bel colore chiaro. Lasciate andare per 20 minuti a fuoco vivo, dopodiché frullate tutto fino a ottenere una crema liscia e vellutata che aggiusterete di sale se necessario. Tenete da parte.
Per la palamita, se avete la possibilità, fatevi dare il filetto già pulito senza la pelle, in modo da evitarvi un bel po' di lavoro. Conditelo con un filo di olio extravergine e scottatelo su una padella antiaderente ben calda arrostendolo bene su tutti i lati. Non ci vorrà molto tempo, calcolate al massimo un minuto per lato, non di più. Il cuore del pesce dovrà rimanere rosato, con tutti i succhi ben conservati nella polpa. A cottura ultimata togliete la palamita dalla padella, salatela leggermente e spennellatela con un filo d'olio. Tagliatela in tranci obliqui e impanateli nel sesamo nero tostato. Adagiate in ogni piatto un cucchiaio di crema di mele, appoggiatevi la palamita a tranci, aggiungete 4 o 5 bacche di ribes che avrete precedentemente passato nello zucchero semolato e completate con un filo di olio extravergine.

INSALATA DI MELE MARINATE, ASIAGO E NOCI

La particolarità di questo piatto sta nella marinatura della mela, che dà al frutto un tocco aromatico, leggermente amarognolo e un effetto di trasparenza molto gradevole perché colora la polpa. Nella nostra ricetta la base è un'insalata mista che potete comporre, declinare e servire come più vi piace: questa, per esempio, può essere di rinforzo, perfetta per un pranzo leggero, ma fantastica anche per un picnic con gli amici.

INGREDIENTI PER 4 PERSONE

Per la marinatura: 10 g di zucchero • 3 g di sale • 300 g di acqua • 2 bacche di cardamomo verde • 5-6 bacche di coriandolo • 1 chiodo di garofano • 1 bacca schiacciata di ginepro • 1 pezzettino di macis (mallo della noce moscata) • 1 arancia (scorza e succo).
Per l'insalata: 2 mele Fuji • 400 g di insalata mista (lattuga riccia, lattuga variegata e soncino) • 100 g di Asiago stagionato tagliato a fette sottilissime • 5 g di aceto di mele • 5 g di miele di acacia o di tiglio • 4 cucchiai di olio extravergine di oliva • 30 g di gherigli di noci • sale • pepe bianco

PREPARAZIONE E COTTURA: 15 MINUTI + MARINATURA E RIPOSO

Preparate la marinatura: diluite sale e zucchero nell'acqua, aggiungete cardamomo, coriandolo, chiodo di garofano, bacca di ginepro, il pezzettino di macis e naturalmente succo e scorza dell'arancia. Lasciate riposare per una notte e filtrate. Tagliate a metà le mele, eliminate il torsolo e affettatele sottilmente. Se ave-

te la macchina per il sottovuoto, chiudetele in un sacchetto con la marinata, altrimenti versate la marinata in un contenitore ermetico, immergetevi le mele e appoggiatevi in superficie un foglio di carta da forno, così le mele rimarranno ben coperte dal liquido. Mettete a riposo in frigorifero per circa 4 ore.
Togliete le mele dalla marinata, tenetele da parte e non buttate via il liquido. Una volta utilizzato, potrete filtrarlo e recuperarlo per altri utilizzi. Per esempio per marinare una pesca o una pera, da servire a fine pasto con un po' di gelato.
Pulite e sfogliate l'insalata. In un pentolino intiepidite appena il miele, stemperatevi l'aceto di mele e l'olio extravergine, quindi aggiustate di sale e pepe bianco. Emulsionate bene. Nel piatto di portata distribuite in successione le insalate, le mele marinate, il formaggio Asiago tagliato a fettine sottili con il pelapatate e le noci intere. Appena prima di servire, condite con l'emulsione di olio, aceto e mele.

PANINO CON L'INSALATA ED ESTRATTO DI MELE

Se andate a fare un picnic in montagna e non volete cose troppo pesanti o elaborate, questa insalata è perfetta. Comprate un bel pane di segale e tagliatelo a fette. Bagnate le fette con un po' di succo di mela e un po' dell'emulsione a base di miele, aceto di mele e olio (fatene un po' di più rispetto alla quantità prevista per condire l'insalata). Farcite i panini con l'insalata e, se volete, accompagnate il tutto con l'estratto di 2 mele, un po' di curcuma fresca e un pizzico di zenzero (5-10 g di entrambi). Con questo spuntino avrete l'energia per raggiungere la vetta leggeri leggeri.

RISO MANTECATO AL SESAMO NERO E MELA

Qui prepariamo un risotto profumato al sesamo nero che viene completato con cubetti di mela marinati in un succo ricavato dagli scarti, come il torsolo e le bucce. Spesso e volentieri la buccia della mela si butta, dimenticando che è una parte buonissima. Bisognerebbe allora imparare a riutilizzarla in modi diversi. Per esempio provate a essiccare le bucce che vi avanzano in forno senza aggiungere nulla. Non saranno perfette o bellissime da vedere, ma saranno ottime come snack, per esempio tagliate a pezzettini in uno yogurt. Volete fare qualcosa di più goloso? Passatele nell'uovo, poi nel pane e friggetele (oppure mettetele in forno a 175 °C per 2 ore). Quando le andrete a servire, aggiungete zucchero a velo e cannella. Se invece volete una preparazione salata, tagliatele a metà, fate un fondo con cipolla, poco olio e acqua, cuocete, quindi aggiungetele in quantità generosa (considerate che dovranno essere quattro volte circa il volume della cipolla), e se vi dovesse avanzare qualche buccia di limone o di arancia, unite anche quelle. Fate andare a lungo in modo da ottenere un chutney, cioè una salsa agrodolce da servire in accompagnamento ai formaggi.

INGREDIENTI PER 4 PERSONE

180 g di riso Carnaroli • 36 g di sesamo nero • 2 mele Fuji • 80 g di Parmigiano Reggiano grattugiato • 40 g di olio extravergine di oliva • 20 g di burro • aceto di mele • sale • pepe bianco

PREPARAZIONE E COTTURA: 25 MINUTI

Tostate il riso solo con poco olio, quindi sfumate con acqua bollente e iniziate la cottura. Dopo 7 minuti, unite il sesamo nero e continuate a cuocere aggiungendo di tanto in tanto un mestolo d'acqua bollente, quando vedete che il risotto asciuga.
Tagliate a cubetti le mele (avendo cura di conservare gli scarti) e mettetele a marinare in una centrifuga ottenuta dal torsolo e dalle bucce scartate. Se non avete la centrifuga, utilizzate del succo di mela: andrà bene lo stesso. Quando il risotto sarà arrivato a cottura, mantecatelo in modo classico con olio, burro, Parmigiano Reggiano e un po' di aceto di mele, quindi regolate di sale e pepe. A questo punto prendete 4 piatti piani, stendete il riso su ciascun piatto e terminate cospargendo con i cubetti di mela marinati.

UNA VARIANTE PER IL *RISO MANTECATO AL SESAMO NERO*

Per dare a questo riso un tocco diverso, che potremmo definire erbaceo e quasi "boschivo", potreste prendere 30-40 foglie di alloro e farle essiccare in forno a bassa temperatura. Se volete fare prima, usate le foglie già essiccate, che si trovano in commercio con facilità. Mettetele nel frullatore in modo da ottenere una polvere sottilissima, che userete per finire il piatto, dosandola nella giusta quantità. La polvere avanzata la potete conservare in congelatore, dentro a un bicchierino di plastica chiuso ermeticamente.

COSTINE DI MAIALE ALLE MELE ROSSE E SENAPE CON RAPE ARROSTO

In questa ricetta la mela si esprime in un abbinamento che funziona sempre benissimo, perché tanto il frutto è magro e astringente quanto la carne di maiale invece è grassa e ricca. Inoltre la mela dà un sapore agrodolce a un piatto che adoro, perché le costine, se fatte bene, sono un po' una droga... più ne mangi e più vorresti mangiarne. La prima cosa, però, è imparare a sceglierle bene. Quelle che sotto i denti sono tutte ossa e cartilagine danno pochissima soddisfazione. Perciò, quando andate dal macellaio, scegliete una costina che abbia un po' di carne intorno e non sia troppo magra, per esempio fatevi dare quella che si trova nella parte più alta: a me piace tantissimo. E poi ricordate che la costina perfetta è quella in cui la polpa si stacca dall'osso da sola. Ultimo consiglio: non dimenticatevi di leccarvi le dita dopo averla mangiata. Anche questo fa parte del piatto.

INGREDIENTI PER 4 PERSONE

25 g di miele di acacia • 200 g di succo di mela • 2 mele rosse cotte al forno (di cui una frullata e passata al colino cinese) • 3 g di pepe nero in bacche • 1 cucchiaino di senape in crema • 1 cucchiaino di salsa di soia • 800 g di costine di maiale • 1 rametto di rosmarino • 1 spicchio di aglio • 10 g di aceto di mele • 2 rape bianche • olio extravergine di oliva • sale

PREPARAZIONE E COTTURA: 1 ORA E 30 MINUTI

Cominciate con il preparare la glassa che poi andrà sulle costine: versate il miele in un pentolino, mettetelo sul fuoco, fatelo sciogliere bene e lasciatelo caramellare. Quando vedete che appena appena comincia a dorare, unite il succo di mela, l'aceto di mele, aggiungete la mela cotta in purea e poi, nell'ordine, il pepe, la senape e la salsa di soia. Cuocete lasciando ridurre la glassa fino a ottenere una crema densa e lucida, molto bella. In ultimo, se dovesse essere necessario, regolate di sale ed emulsionate il tutto con l'aiuto del frullatore a immersione. Condite le costine con olio, sale, rosmarino e lo spicchio di aglio schiacciato, poi mettetele in una teglia e fatele andare a forno caldo a 180-200 °C per 40 minuti. Il risultato dovrà essere una costina ben rosolata che abbia buttato fuori tutto il grasso in eccesso. A questo punto togliete la carne dal forno, eliminate la parte grassa e con l'aiuto di un pennello da pasticceria cominciate a spennellare le costine con la glassa. Rimettetele in forno, portando la temperatura a 200-220 °C, e fatele caramellizzare. Ripetete questo step (perciò di nuovo spennellate le costine con la glassa e poi passatele in forno caldo) per 4 o 5 volte, finché le costine non risulteranno ben lucide e caramellizzate. È un'operazione che si può fare a forno chiuso o aperto, a seconda dell'elettrodomestico che avete.

Per la guarnizione, frullate la seconda mela cotta (privata di pelle e torsolo) con olio extravergine di oliva e sale. Prendete le rape, meglio se piccole, tagliatele a spicchi e tornitele leggermente. Se la buccia è sottile potete anche lasciarla. Quindi sbianchitele in abbondante acqua e sale per 3-4 minuti. Scolatele, asciugatele e fatele arrostire in una padella con un cucchiaio di olio, finché non si colorano ben bene. Aggiustate di sale e servite le costine accompagnate dalla purea di mela e dalle rape arrostite.

IL SEGRETO PER LE COSTINE PERFETTE

In questa ricetta l'obiettivo è portare la carne, che è stata arrostita, di nuovo morbida stracuocendola. Per fare questo ci aiutiamo con la glassa, che serve a dare alle costine consistenza morbida, ricca e succulenta, venendo assorbita durante la cottura. Attenzione, però: la costina non deve bollire. La difficoltà della ricetta è proprio questa: il calore deve essere forte ma dolce al tempo stesso. Se è troppo forte, rischia di bruciare la carne; se è troppo dolce, il tempo di preparazione si allungherà, con il rischio di farla bollire e rovinare tutto. È un procedimento non facile e soprattutto richiede un po' di tempo e un po' di pratica. Ma se avrete la pazienza di seguirlo bene, e di capirne il meccanismo, otterrete dei risultati incredibili.

FRITTELLE DI MELA E RICOTTA ALLA CANNELLA

Le frittelle sono sinonimo di spensieratezza, domenica, festa popolare. Io le trovo fantastiche ma vi consiglio di non friggerle in appartamento, se non volete che l'odore vi perseguiti tutto il giorno. Come fare allora? Potreste friggerle sul terrazzo, ma a quel punto non vorrei essere io il vostro vicino. In alternativa mettete l'impasto nel forno preriscaldato a 200 °C, poi spegnete e lasciate lì; dopo 5 minuti riaccendete alla stessa temperatura e cuocete ancora per 8 minuti. Le frittelle saranno pronte quando in mano risulteranno leggere. Fate la prova aprendone una e controllate che la cottura sia ben riuscita, senza parti di pasta cruda. Poi procedete a farcirle come da ricetta.

INGREDIENTI PER 4 PERSONE

Per il ripieno: 1 mela Golden • 200 g di ricotta vaccina fresca • 40 g di zucchero a velo • 2 g di cannella in polvere (ma potete variare la dose a piacere). *Per l'impasto delle frittelle*: 1 mela Golden • 200 g di acqua • 10 g di zucchero semolato • 2 g di sale • 100 g di burro • 180 g di farina • 240 g di uova • zucchero semolato per impanare • olio di semi di girasole per friggere

PREPARAZIONE E COTTURA: 1 ORA

Tagliate una mela in 4, mettetela nel microonde e fatela cuocere a 800 W finché non sarà così morbida da poter essere lavorata facilmente. In alternativa, cuocetela in forno a 160 °C per

circa 40 minuti. Eliminate buccia e torsolo, quindi schiacciate la polpa con la forchetta e lasciate raffreddare. Riunite in una bacinella la ricotta, lo zucchero a velo, la cannella e aggiungetevi la purea di mela. Amalgamate bene gli ingredienti fino a ottenere un composto omogeneo che riporrete in un sacchetto da pasticceria e conserverete in frigorifero.

In un tegame scaldate l'acqua con il sale, lo zucchero e il burro. Una volta che il burro si sarà sciolto completamente, portate a bollore, quindi unite anche la farina e rimestate senza fermarvi fino a ricavare una specie di polentina che farete cuocere ancora per 2 minuti. Trasferite il tutto in una planetaria oppure in un contenitore e aggiungete le uova, uno alla volta, amalgamandole bene al composto. A questo punto aggiungete anche la seconda mela, già privata del torsolo e tagliata a cubetti piccoli, mescolate bene e con l'aiuto di 2 cucchiai formate le frittelle che dovranno avere la grandezza di una noce.

Immergetele in abbondante olio bollente (la temperatura ideale dovrà essere intorno ai 175 °C). Friggete in modo da dorare le frittelle in maniera omogenea, poi liberatele dall'olio in eccesso asciugandole su un foglio di carta assorbente, e passatele nello zucchero semolato. Con il coltello praticate un taglio per farcirle con abbondante crema di ricotta e mela e gustatele tiepide.

LE *FRITTELLE* ALCOLICHE

Se volete dare un tocco più adulto alla vostra frittella, potete aggiungere all'impasto mezzo bicchierino di rum scuro, oppure, se preferite restare legati a un prodotto nazionale, la stessa dose di grappa. Uno degli abbinamenti che adoro e che si accompagna meravigliosamente alle frittelle è il sidro di mele della Valle d'Aosta (forse il migliore che abbia mai bevuto): un prodotto naturale, da servire bello freddo in contrasto con le frittelle calde e fragranti.

TORTA DI MELE E ZABAIONE AL CALVADOS

Il Calvados è un distillato molto conosciuto, che qui usiamo per aromatizzare uno zabaione che va ad accompagnare una torta di mele. Il Calvados è un esempio di come da questo frutto si ricavino delle bevande meravigliose. Qui in Italia non possiamo non ricordare i distillati di Vittorio Capovilla, detto "il Kaiser", personaggio che conosco da molti anni e di cui ho grande stima. È un maestro distillatore, tra i migliori nel nostro Paese e nel mondo. Pensate che quando l'ho conosciuto mi ha fatto assaggiare 14 tipi di distillati diversi, ottenuti da altrettanti tipi di mele. Credevo di conoscere bene questo frutto, ma quel giorno ho imparato che c'era ancora tutto un mondo da scoprire.

INGREDIENTI PER 4 PERSONE

Per la torta di mele: 2 mele gialle • 2 uova • 125 g di zucchero semolato • 80 g di yogurt intero • 35 g di burro • 150 g di farina • 8 g di lievito chimico • 1 g di cannella • 80 g di confettura di albicocche. *Per lo zabaione al Calvados*: 4 tuorli • 2 cucchiai di zucchero semolato • 4 cucchiai di Calvados

PREPARAZIONE E COTTURA: 1 ORA

Lavate le mele e tagliatele a cubetti piccoli avendo cura di eliminare la buccia e il torsolo. Lavorate le uova con lo zucchero usando la planetaria o lo sbattitore. Una volta che saranno montate e spumose incorporatevi in successione lo yogurt e il

burro fuso. A parte setacciate la farina con il lievito e la cannella, quindi incorporate questa miscela, riducendo la velocità al minimo, in modo da amalgamare bene il tutto. Per ultime aggiungete le mele a cubetti.

Finite di impastare, quindi trasferite il composto in una tortiera di 18 cm di diametro e cuocete in forno a 170 °C per 35 minuti. Sfornate e lasciate raffreddare.

In un pentolino scaldate la confettura di albicocche; quando avrà raggiunto una consistenza fluida, pennellatela sulla superficie della torta, in modo da lucidarla e proteggerla.

Per lo zabaione, lavorate i tuorli e lo zucchero con l'aiuto dello sbattitore in modo da ottenere un composto spumoso. Cuocete la crema a bagnomaria caldo ma non bollente, aggiungendo il Calvados poco alla volta e continuando a montare. Quando il composto sarà denso e velerà la superficie del cucchiaio, sarà pronto per essere servito come accompagnamento alla vostra torta.

FUNGHI

I funghi sono organismi incredibili, così affascinanti, diversi e misteriosi che definiscono tutto un regno a sé. Non sono piante: non hanno fusto, foglie o radici e, sprovvisti di clorofilla, non hanno bisogno di luce per crescere.

Non a caso i primi esempi di coltivazioni - gli esperimenti più antichi risalgono addirittura ai Romani - venivano sviluppati dentro a grotte e caverne. Le varietà esistenti sono tantissime: ce ne sono di spontanee e coltivate; commestibili e pregiate; tossiche, allucinogene e mortali; comuni e rare; studiate e catalogate ma anche poco conosciute, se non ignote. Gli orizzonti di questo mondo sono così ampi che soltanto una piccola percentuale è documentata, il resto rimane un mistero, come la porzione sommersa dell'iceberg, che è impressionante ma che non cogliamo. Apprezziamo e godiamo però della parte in vista, cioè dei funghi commestibili, che sono quelli che arrivano in cucina e hanno una loro stagionalità compresa tra la primavera e l'autunno. Poi, in base ai climi e alle zone di raccolta, esistono tipologie più primaverili, per esempio le spugnole, che si trovano in un periodo abbastanza limitato, da marzo a giugno. Noi ve le proponiamo nelle *Tagliatelle di pasta all'uovo e spugnole* (p. 277) che per me sono buonissime. Ci sono naturalmente anche delle specie "tardive", come le trombette da morto, che crescono fino all'autunno inoltrato e vanno provate in abbinamento all'*Animella arrosto* (p. 283) per la loro consistenza fantastica sotto i denti. Ancora, abbiamo funghi che conoscono una stagione più lunga, come i porcini presenti da maggio a novembre, specie invernali e varietà disponibili tutto l'anno perché coltivate. Naturalmente i funghi più pregiati sono quelli spontanei, che ci obbligano a stabilire (o a ritrovare) un forte legame con il bosco e la terra. Per raccoglierli è necessario uscire dalle strade battute, sporcarsi un po', arrampicarsi per scarpate e burroni. Io ci ho provato, tanti anni fa: all'inizio a dire il vero non ci capivo molto, arrivavo tardi, non sapevo bene come muovermi. Poi ho cominciato a orientarmi e a prenderci gusto, ma allora non avevo più tempo. Quello che ho imparato, però, è che per trovare i funghi ci vuole naso, occhio, intuito e una grande conoscenza del loro ambiente. Bisogna essere disponibili ad alzarsi presto e provare, sapere come si sviluppa il bosco, quali sono gli alberi e i "posti" in cui è probabile trovarli, perché i funghi spuntano vicino alle radici, spesso nascosti da erbe o felci, e allora si va, si allargano le foglie con le mani o con la punta di un bastone per vedere se sotto c'è qualcosa. La prima cosa da tener pre-

sente è in assoluto l'odore: quando un fungo è fresco ha un profumo inconfondibile, che ricorda con intensità le radici e il sottobosco. Poi c'è l'aspetto, per cui un fungo è buono quando ha il cappello integro e il gambo compatto, ma anche una consistenza asciutta, piacevole al tatto. In generale si tratta di una materia molto delicata, che può essere tossica se non conservata e usata in maniera corretta. Quando si raccolgono i funghi è sempre consigliabile farli vedere a esperti, soprattutto se non si ha molta esperienza. Nel caso delle specie velenose, poi, è bene lasciarle lì, non toccarle o romperle, perché le loro spore (che sono trasportate dal vento, dagli insetti o da altri animali) potrebbero facilmente contaminare gli esemplari buoni, rendendoli nocivi. E a quel punto si può finire in ospedale, o se va bene... in bagno. Giusto per darvi un assaggio dell'attenzione che ci vuole.
Se poi dal bosco li portiamo in cucina, sono prodotti prelibati e a volte costosi, che richiedono una conoscenza e un approfondimento tali per cui, soprattutto un tempo, esistevano ristoranti specializzati. Erano anni in cui la ristorazione aveva un carattere forse più settoriale, in cui non tutti erano bravi a fare tutto. Quando ho iniziato, mi ricordo che si diceva proprio: "Quello è un posto in cui si fanno i funghi" oppure "Andiamo a mangiare i tartufi in quel ristorante". Ma il discorso valeva anche per il pesce, per la carne, per la selvaggina. Certo, funghi e tartufi (che appartengono alla stessa famiglia, crescono sottoterra ma raggiungono facilmente le stelle, come prezzo) sono ingredienti speciali che ai tempi godevano di particolari licenze ed erano gli unici che si potevano ripetere all'interno di un menu degustazione con tante portate.

In Italia i più conosciuti e apprezzati sono i porcini, che si prestano a tante preparazioni. Quelli piccoli si mettono sott'olio, quelli medi sono fantastici tagliati a metà e cotti in padella. Quelli grandi si fanno a fette e si possono essiccare, oppure, freschi, si usano per condire una pasta o fare un risotto. Le teste sono magnifiche alla griglia. Noi ve li presentiamo in una versione molto saporita, *Porcini fritti, maionese di menta e lime* (p. 270) e in un *Brodo di funghi porcini e anice stellato* (p. 273) che vi sorprenderà. I più ricercati però sono gli ovoli, che per essere tali devono essere ancora chiusi, avvolti da una pellicola bianca e in tutto simili a uova. Se li trovate aperti, ricordatevi che il prezzo può scendere in questo caso anche della metà. Per la sua raffinatezza di gusto e per il suo tocco vellutato l'ovolo normalmente è servito crudo. Ma può essere anche cotto e usato per condire pasta o riso. Senza fermarci lì, ci sono comunque varietà buonissime e più comuni, come i finferli o le mazze di tamburo, di cui si consumano solo gli ampi cappelli, impanati e fritti come cotolette, oppure i cardoncelli tipici del Sud, o ancora gli champignon che sono poco pregiati ma versatili e spesso usati per preparare o rinforzare brodi, condimenti o farce. Noi li facciamo ripieni negli *Champignon farciti* (p. 280). Ma è chiaro che non finisce qui, che si tratta solo di un assaggio, perché se solo ci spostiamo in un altro continente o andiamo a esplorare altre culture alimentari (pensate all'Estremo Oriente), il capitolo funghi si arricchisce in maniera impressionante. Ma questa, come si dice, è un'altra storia.

PORCINI FRITTI, MAIONESE DI MENTA E LIME

Per questo piatto ricco e saporito è bene partire da una materia prima di qualità, che dev'essere pulita a regola d'arte. I funghi in genere non andrebbero mai lavati, anche se una bella sciacquata, soprattutto se c'è tanta terra, non fa mai male. In questo caso metteteli sotto il rubinetto, o in acqua, muovendoli rapidamente con le mani. Poi asciugateli con cura. In alternativa li potete pulire nel modo più classico, passandoli con un pennellino, con un panno oppure con una carta umida. In questa ricetta, visto che andiamo a impanare e friggere, non tenete i porcini in ammollo e tamponateli bene prima di passarli nell'uovo. Ricordatevi sempre che il fungo ha una natura spugnosa, quindi tende ad assorbire moltissimo: acqua, olio, burro. Però se è fresco, pulito e asciugato bene, anche in frittura rimarrà asciutto e fragrante.

INGREDIENTI PER 4 PERSONE

3 uova • 150 g di olio di semi di girasole • 15 g di succo di lime più la scorza • 6 foglie di menta • 1,5 g di sale fino • 10 porcini freschi medi già mondati • 2 confezioni di pancarré • olio di semi per friggere • sale

PREPARAZIONE E COTTURA: 30 MINUTI

Per questo piatto dovrete partire preparando una maionese classica, solo che al posto del limone userete il lime. Montate quindi un uovo con il succo di lime, il sale e l'olio di semi; alla

fine unite la scorza grattugiata del lime e la menta tritata finemente. Conservate in frigorifero.
Cominciate a scaldare l'olio per friggere in una pentola larga e dai bordi abbastanza alti. Nel frattempo private il pancarré della crosta e passatelo nel setaccio a maglia larga, in modo da ottenere dei "fiocchi" di pane. Sbattete le 2 uova che vi rimangono, tagliate i funghi a fette spesse circa 1 cm, immergetele nell'uovo e poi impanatele nei fiocchi di pane. Tamponate con la mano per far aderire bene il pancarré all'uovo, quindi immergete i porcini in abbondante olio caldo (175-185 °C) e friggete finché non otterrete una bella doratura uniforme.
Asciugate i funghi su un foglio di carta assorbente, salateli e serviteli subito accompagnandoli con la maionese.

BRODO DI FUNGHI PORCINI E ANICE STELLATO

I porcini sono da sempre apprezzatissimi. Ne esistono diverse varietà, che prendono profumi e colori diversi in base agli alberi sotto cui crescono: querce, faggi, castagni, pini e abeti, per dirne alcuni. Quando siamo in piena stagione mi piace tagliarli sottilissimi e lasciarli cuocere al forno con un filo di olio, un po' di aglio, timo e un pizzico di sale. Si ottengono delle chips croccanti fantastiche, da utilizzare in tantissimi modi. Un'altra possibilità, un po' diversa dal solito e che qui vi proponiamo, è farne un'infusione. In questo modo il porcino viene usato in tutte le sue forme: fresco, secco e anche di scarto. In realtà in cucina lo scarto non esiste, lo sapete. Quando comprate qualcosa, pagate tutto; se si tratta di un fungo, parliamo sia della parte sopra sia della terra sotto. È bene quindi imparare a valorizzare il vostro ingrediente a trecentosessanta gradi e nel migliore dei modi, senza buttare via niente.

INGREDIENTI PER 4 PERSONE

300 g di funghi porcini freschi • 1 scalogno piccolo • 1 spicchio di aglio • 5 g di funghi porcini secchi • 4 bacche di pepe bianco • 1 rametto di prezzemolo • 1 stella di anice • 2 foglie di menta • olio extravergine di oliva • sale

PREPARAZIONE E COTTURA: 50 MINUTI

Mondate i funghi conservando gli scarti che andrete a raccogliere in una casseruola capiente, unendovi anche lo scalogno tagliato a metà, l'aglio in camicia, i porcini secchi e il pepe. Un consiglio: se doveste avere in casa altri scarti di funghi, oppure funghi che non siano freschissimi o bellissimi, per esempio degli champignon o altro, tirateli fuori e usateli per rafforzare il vostro brodo. Poi unite ghiaccio abbondante, arrivando a coprire di circa 5 cm il contenuto della casseruola. Accendete il fuoco, lasciate che il ghiaccio si sciolga e che il liquido arrivi a bollore, quindi abbassate subito la fiamma e fate "pipare" per 20-25 minuti. Filtrate con un colino, poi riportate sul fuoco facendo restringere il brodo fino a dimezzarne il volume di partenza. Alla fine dovrà risultare trasparente, quindi non fatelo bollire altrimenti diventerà torbido. A questo punto regolate di sale, unitevi la stella di anice, coprite con la pellicola e lasciate in infusione per 4 minuti. Filtrate con l'aiuto di un foglio di carta assorbente, che andrete a posizionare sopra a un colino. Un piccolo trucco: quando andate a versare il brodo, mettete 2 foglie di menta sopra la carta: profumeranno l'infusione, accentuandone la freschezza. In una padella rosolate uno spicchio d'aglio in camicia con poco olio, saltatevi i funghi porcini precedentemente tagliati a cubetti, aggiungete prezzemolo e sale. Servite il brodo in 4 tazze trasparenti o da consommé, con l'aggiunta dei funghi saltati.

PER SERVIRE IL *BRODO DI FUNGHI*

Se parlassimo di un menu degustazione, questo piatto si potrebbe servire a metà pasto, da solo, o con l'aggiunta di qualche ciuffo di cerfoglio o dei funghi tagliati sottilissimi come accompagnamento. Se invece avete una fame un po' più importante, provate a cuocere dei passatelli nel brodo di funghi. Oppure rompete 2 uova, sbattetele energicamente con sale, pepe e prezzemolo tritato e poi versatele nel brodo bollente frustando bene. Otterrete una stracciatella d'uovo molto fine, fantastica.

TAGLIATELLE DI PASTA ALL'UOVO E SPUGNOLE

Le spugnole, dette anche morchelle, sono funghi molto pregiati. Da noi sono diffuse sull'Appennino tosco-emiliano e nel Parmense, e sono il frutto di una riscoperta abbastanza recente. Fino a pochi anni fa non erano così valorizzate e conosciute, mentre in Francia (dove si chiamano morilles*) sono da sempre un'istituzione. Vengono considerate prelibatissime e sono spesso servite con la panna (non dite niente... sono sempre francesi, no?). A me questi funghi piacciono tantissimo e li uso volentieri con gli asparagi, perché lo trovo un abbinamento particolarmente azzeccato. In realtà stanno bene un po' con tutto, con le uova, ma anche con il riso o con la pasta fresca, come in questa ricetta.*

INGREDIENTI PER 4 PERSONE

350 g di tagliatelle fresche (fatte a mano) • 250 g di spugnole fresche già mondate • 30 g di burro • 20 g di olio extravergine di oliva • 1 scalogno piccolo • 1 spicchio di aglio • 20 g di sugo di carne o fondo bruno (facoltativo) • 2 cucchiai di Parmigiano Reggiano grattugiato • 1 rametto di dragoncello

PREPARAZIONE E COTTURA: 30 MINUTI

Riempite una pentola con abbondante acqua per lessare la pasta. Nel frattempo preparate le spugnole: tagliatele a metà, o in quattro se sono grandi, lasciatele intere se sono molto piccole. In una padella sciogliete il burro, poi aggiungete l'olio

extravergine di oliva, lo scalogno tritato fine e l'aglio in camicia. Fate andare per qualche minuto, mettete a cuocere anche i funghi e alzate il fuoco. Ricordatevi che le spugnole dovranno rosolare bene fin da subito, altrimenti rilasceranno l'acqua e correranno il rischio di essere poco consistenti, disperdendo tutto il loro sapore nel condimento (che sarà comunque molto buono). Se volete, unite il sugo di carne o il fondo bruno, che vi servirà a legare la pasta ai funghi. Quando le tagliatelle saranno cotte, scolatele e mantecatele in padella insieme al condimento di funghi. Se dovessero risultare troppo asciutte, aggiungete qualche cucchiaio di acqua di cottura della pasta, che avrete tenuto da parte. Finite il piatto con il Parmigiano Reggiano e il dragoncello tagliato fine.

TAGLIATELLE CLASSICHE O VERDI

Per preparare 450 g di tagliatelle, adatte a 4 persone, vi serviranno 300 g di farina, 3 uova e un pizzico di sale. Disponete la farina a fontana, rompeteci le uova, aggiungete il sale e impastate. Una volta che la pasta avrà acquisito una consistenza liscia, lasciatela asciugare senza farla seccare, tiratela con il mattarello o con la macchinetta e ricavate le tagliatelle. Per quelle verdi, sostituite mezzo uovo con 50 g di purea di spinaci già bolliti e frullati.

CHAMPIGNON FARCITI

Lo champignon è il classico fungo da coltivazione. Il nome ci suggerisce già che si tratta di un'"invenzione" dei francesi, che per primi scoprirono come crescerlo e coltivarlo su scala industriale, a partire dal Seicento. Da noi le prime coltivazioni di Agaricus bisporus *(il suo nome scientifico) apparvero centocinquant'anni dopo, prima a Roma e poi nelle campagne di Vicenza, per la precisione nella zona di Costozza, famosa per le cave di pietre e marmi e, dagli inizi del Novecento, anche per i funghi. In cucina gli champignon non sono una varietà pregiata, ma sono disponibili tutto l'anno e hanno una buona versatilità. Hanno un sapore delicato e si prestano a preparazioni diverse, come nel piatto che vi proponiamo in cui sono farciti e messi in forno per qualche minuto.*

INGREDIENTI PER 4 PERSONE

1 kg di champignon freschi • 1 patata media • 10 g di burro • 1 scalogno piccolo • 1 spicchio di aglio • 1 rametto di prezzemolo • 30 g di Parmigiano Reggiano grattugiato • 40 g di Pecorino di fossa grattugiato • 1 cucchiaio di aceto bianco • olio extravergine di oliva • sale • pepe nero

PREPARAZIONE E COTTURA: 35 MINUTI

Pulite i funghi dalla terra e staccate le teste dai gambi, ruotandole delicatamente con una mano, mentre con l'altra terrete fermo il gambo. Mondate le teste tirando via la membrana sottile che le ricopre, poi rifilatele al coltello, in modo che, appoggiandole sulla calotta, rimangano stabili. Immergete a

questo punto i cappelli in acqua bollente salata acidulata con poco aceto. Dopo un minuto scolate e lasciate raffreddare.
Lessate la patata con la buccia e, quando sarà cotta, schiacciatela con la forchetta in modo da privarla della pelle.
Tagliate i gambi degli champignon a cubetti piccoli, saltateli in padella con il burro, lo scalogno affettato sottilmente e l'aglio appena schiacciato. Regolate di sale e pepe, quindi terminate la cottura rapidamente, cercando di mantenere la consistenza "croccante" dei funghi. Raffreddate e incorporate alla patata i funghi rosolati, quindi aggiungete i formaggi e una macinata di pepe. Fate attenzione a tenere la farcia leggermente sgranata; non dovrà diventare un impasto troppo uniforme.
Farcite le teste degli champignon con il ripieno, quindi mettetele in forno a gratinare. Ci vorranno più o meno 8 minuti a una temperatura di 180 °C. All'uscita lucidateli con un filo d'olio e finite con un po' di prezzemolo tritato.

ANIMELLA DI VITELLO ARROSTO CON TROMBETTE DA MORTO

Questa ricetta nasce con le trombette da morto, ma non fatevi spaventare: si tratta di un fungo che, a dispetto del nome, è estremamente ricco di gusto. Ha un aspetto singolare, con un colore nero e una forma a imbuto dai bordi ondulati che ricorda un po' un fiore o una trombetta. La sua caratteristica più interessante in cucina è la consistenza, che è sempre un po' al dente e in abbinamento all'animella arrosto è perfetta. L'animella infatti, se è cotta bene, risulta cedevole, morbida, fondente, mentre il fungo rimane appunto sempre un po' "consistente", creando un contrasto fantastico. Ricordatevi che di animelle di vitello ne esistono di due tipi. Una è posizionata vicino al cuore, l'altra si trova nel collo; sono entrambe organi linfatici, ma mentre le ghiandole del cuore sono pregiate e costano care, le altre hanno consistenza più nervosa, sono avvolte da una pellicina che può risultare un po' fastidiosa al tatto (ed è più difficile da togliere) e hanno una struttura allungata. È importante saperlo nel momento in cui andate ad acquistarle.

INGREDIENTI PER 4 PERSONE

500 g di animelle di vitello (o 4 animelle del peso di 100-150 g l'una) • 40 g di burro • 2 spicchi di aglio • 1 rametto di salvia • 400 g di trombette da morto • olio extravergine di oliva • 1 mazzetto di cerfoglio • sale

PREPARAZIONE E COTTURA: 40 MINUTI

Pulite le animelle, spurgandole sotto l'acqua corrente per una mezz'ora, poi cercate di eliminare il più possibile le membrane esterne e asciugatele con cura.
Scaldate in una padella un cucchiaino di olio e, quando ben caldo, adagiatevi le animelle già salate. Arrostitele cercando di colorarle in maniera uniforme su entrambi i lati (tanto più riuscirete a rosolarle bene, tanto più la consistenza sarà croccante e piacevole in bocca). Scolate soltanto l'olio in eccesso, ripulite la padella con un pezzo di carta assorbente, rimettetela sul fuoco, quindi aggiungete il burro, uno spicchio di aglio schiacciato e la salvia. Fate spumeggiare il burro, regolando la fiamma in modo che non bruci. Con un cucchiaio, nappate le animelle raccogliendo il burro dalla padella. Ripetete su entrambi i lati, per almeno 8 minuti (4 per lato). Toglietele dalla padella e fatele riposare a parte per 5 minuti.
Pulite le trombette, eliminando la parte sporca di terra e scartatela, ma non buttatela. Potete recuperarla facendo un brodo. Passatele con un panno umido oppure immergetele in acqua, asciugatele bene, quindi se siete stati bravi, avete fatto un'ottima cottura delle animelle e non avete bruciato il tegame, potete riutilizzarlo per cuocere i funghi. Eliminate il grasso residuo, quindi unite un filo di olio e una nocciolina di burro, portate a temperatura e aggiungete i funghi, che andranno rosolati a fuoco alto, ma senza bruciare il condimento. Regolate di sale e pepe e cuocete ancora per circa 5 minuti, non di più. Nel frattempo, prendete il cerfoglio lavato, tagliatelo grossolanamente e unitelo alle trombette. Saltate velocemente, quindi togliete dal fuoco. Disponete i funghi rosolati in ogni piatto accanto all'animella e servite.

INDICE DEGLI APPROFONDIMENTI

Finito di stampare nel mese di ottobre 2016
presso Errestampa s.r.l., Orio al Serio (Bergamo)

Printed in Italy